AT STUDERE MUSIKVIDENSKAB

Motti:

(jævnfør *specielt* side 186f.)

A:

"Vi har kunsten for ikke at gå til grunde i videnskabens kunstiggørelse af vores forhold til verden og til os selv."

Peter Sloterdijk: *Scheintod im Denken. Von Philosophie und Wissenschaft als Übung*

B:

"Der er to faktorer: tingene som de er og åndens struktur. Resultatet af deres forhold til hinanden kaldes på den ene side videnskab, på den anden side kunst. Der er en kæde af sandheder og en kæde af glæder. [...] Hvis man endelig vil tale om fornøjelse, så foregår det alt sammen, som om den evige kunstner tilbyder det evige menneske den successive opdagelse af de glæder, han kan gøre krav på."

Jules Romains: *De gode viljer,*
bind XII: *Skabere* (kapitel 12)

Til
mine kolleger
med ønsket om en videreførelse,
og til min eftertids studerende

Bo Marschner

At studere musikvidenskab

(1964 – 2014)

EN STAFET

FSC
www.fsc.org
MIX
Papir fra
ansvarlige kilder
Paper from
responsible sources
FSC® C105338

At studere musikvidenskab

Bogen er sat med Linotype Aldus og Optima
Omslagsfoto ved forfatteren
Forlag og tryk: BoD – Books on Demand, Norderstedt, Tyskland
Udgivet med støtte fra VELUX FONDEN

ISBN: 978-87-7145-480-2

Bøger af samme forfatter:

Zwischen Einfühlung und Abstraktion. Studien zum Problem des symphonischen Typus Anton Bruckners · Disputats, 2002

En bevægelig fest · Essays, 2010

Forfatteren kan kontaktes på e-postadressen:
bomarschner@gmail.com

Indhold

Forbemærkning i utide

Hvor meget denne bog end ligger mig på sinde, så er min forestilling om dens gang på jorden forbundet med skepsis. Ja, i den tid den har været undervejs har jeg ofte været nær ved at opgive tanken om at gøre den færdig.

Arbejdet er påbegyndt kort før mit selvvalgte, lidt tidlige farvel til universitetet. Og fornemmelsen af at skrive i et kapløb – ikke med tiden, men med udviklingen – har været stærk. Både de ydre realiteter og interne ønsker for uddannelsen er gået på tværs af mine idealer. Så også efter at jeg har fået mere og bedre tid er jeg kun tøvende kommet videre. Hvad jeg har tænkt at lægge frem, og som jeg ser som min slutopgørelse med faget, må vel for dagens konkret involverede parter lyde som en røst fra graven.

Skulle dette blive bekræftet – lad det da være sådan. Ryst på hovedet eller anlæg et medlidende smil. Men lad mig dog forsvare mit ærinde, og udspillet som i sagens natur må blive fragmentarisk, ved at nævne den motivation der ikke er gået tabt: Håbet om at det, der jo nok vil tage sig ud som et urealistisk tilbageskridt, endnu rummer utopiens mulighed: en fremtidig virkelighed.

(2011)

Tilføjelse i tide

Jørgen Dehs har med sin bog *Det autentiske* formået en del – deriblandt at give mig nyt mod til dette mit forehavende. Mindre i konkret henseende end som en oplevet etisk ansporing har den bidraget til en genoptaget og målbevidst beskæftigelse med stoffet. De første kapitler er stort set uberørt af hans bogs store og væsentlige kvaliteter. I udarbejdelsen af de senere dele, derimod, har den hjulpet og bestyrket mig i den ellers ulige kamp med tidens vilkår, og åbnet for en ny, fattet og ubekymret eftertænksomhed.

Strøby Strand, i september 2014: *B.M.*

Indledning

MUSIKVIDENSKAB er overordnet et sagsområde, men det betegner også et fag og dermed en uddannelse. I begge betydninger har musikvidenskaben gennem de seneste årtier udviklet sig på en måde som minder om en flod, der fra en bred strømfure, plus en række sidekanaler, har videt sig ud til et delta: en mængde adskilte retninger der højst i princippet har et fælles indhold.

At forklare det med baggrund i den enorme tilvækst af information og den tilsvarende øgede faglige specialisering er ikke nok. Deltaet som billede hentyder også til en udtynding, en svagere dynamik. Og problemet, som det for mig tegner sig, især på det uddannelsesmæssige plan, viser sig i en mangel på dybde og måske også på stringens, *trods* den givne specialisering i tiden. Det paradoksale anstrøg forklares snarere ud fra de stærkt forøgede alliancer med store komplekse, fageksterne discipliner af f.o.fr. samfundsvidenskabelig art: medie-, kultur- og kommunikationsteori, *gender*-forskning m.v. Senest noterer man sig så fagligt diffuse modefænomener som 'oplevelsesøkonomi' og 'entrepreneurskab'.

Der er tale om en udvikling som dels er frembragt "indefra", fra yngre fagkræfters side, og dels er kommet af en ydre tvang, fra uddannelsessystemet og samfundspolitikken. Fra begge sider med begreber som tværfaglighed og fleksibilitet som bekendelsesgrundlag. Musikvidenskab befinder sig i en omformningsproces: fra en kunstdisciplin til et bredere, men også mere konturløst kultur- og mediefag. Det praktiske rationale bag denne udvikling knytter sig forholdsvis ensidigt til forestillinger om brugbarhed og lønsomhed i erhvervsmæssig henseende. I mange tilfælde vil dette betyde bestillinger uden afgørende kernefaglig substans og forankring.

Skriftet her sigter især mod at tildele mit fag fornyet opmærksomhed med hensyn til de kernefaglige aspekter – specielt som studium betragtet. Bogen retter sig derfor både til studerende i det hjemlige fagmiljø og til kolleger i faget, med en understregning af at "studere musikvidenskab" betyder noget delvis andet end at udøve musikforskning. Det betegner, uden at jeg vil forklejne specialet, noget mere forberedende.

Jeg er fuldt ud klar over at min stilling som "forhenværende" fagperson er en hæmsko for mit anliggende. Ikke mindst mangler jeg i nogen grad konkret indsigt i senere studieordningers indhold og virkning. På den anden side indebærer det visse privilegier, hvoriblandt dette: frit at kunne forudsætte at universitetets nuværende ekstreme udvikling før eller siden igen får retning mod en mere balanceret tilstand. Sådan som det gik, en tid, efter det forrige ekstreme udsving mod et (pseudo-) marxistisk domineret humanioraområde.

Længe havde denne bog en undertitel: "Utidssvarende universitetstanker". Der var en ironi (og selvironi) med i spillet, som skulle legitimere en gevinst: En 'senil ulydighed', der tillader mig at operere med en frejdighed i beskrivelsen af det bestående og det der er i støbeskeen. Og desuden at se bort fra ikke så lidt i forhold til det halsløse projekt at belyse faget i dets fulde omfang. Jeg sætter mig især for at styrke musikforskning forstået som erkendelsesrettet beskæftigelse med musik *som kunst* og dermed – NB: i sidste instans – som en særlig menneskelig udtryks- og omgangsform. Det indebærer fremhævelsen af nogle mere traditionelle sider af faget som universitetsfag, men også at sætte ordet *tradition* kritisk op imod en stadigt stærkere monopolisering via universiteternes nye hovedmantra: 'innovation'.

Det forekommer mig (og tydeligt nok også mange andre) at universitetet står med et stort problem i disse år: at finde måder at agere på, der baserer sig på en mere bevidst prioritering mellem kvantitet og kvalitet. Det var på baggrund af en lignende situation at Ingmar Bengtsson (1920-89), professor ved Uppsala universitet, for 40 år siden udgav en bog med titlen *Musikvetenskap. En översikt.*[1] Den er stadigvæk én af de bedste af sin art[2] og baner veje ind i et meget bredt anskuet musikvidenskabeligt felt, for stadigt mere kursus- og eksamensbebyrdede studerende. Der var i Sverige kort forinden gennemført en uddannelsesreform der gjorde universiteterne mere skoleprægede; en udvikling der som bekendt siden hen også har nået de danske universiteter. Og Bengtsson så med bekymring en *"marked deterioration of academic standards"* aftegne sig i horisonten.

Trods sin karakter af grund-, hånd- og opslagsbog har de danske musikvidenskabelige uddannelser vist aldrig taget Bengtssons bog til sig. Og studenterne knap nok noteret sig den. Måske fordi den bare på grund af titlen, *Musikvetenskap,* ikke har haft den helt store appel til de studerende her til lands, hvem bogen dog også har bud til. Hvis dette gæt holder, er det ikke tilfældigt, som jeg snart skal forsøge at forklare. Situationen i Danmark *er* af en særlig art; men *Musikvetenskap* er trods sin alder aktuel nok til at den stadig må ses som et standardværk. Det giver mig mulighed for en mere subjektiv, en mere partiel, men nu og da også en mere intensiv fremstilling.

---

[1] Stockholm 1973. – Til Bengtssons understregning af denne motivation, se *Svensk tidskrift för musikforskning* 1975, s. 48.

[2] Af lignende omfang og yderligere encyklopædisk præget er et kollektivarbejde, redigeret af Herbert Bruhn og Helmut Rösing: *Musikwissenschaft. Ein Grundkurs.* Reinbek bei Hamburg 1998.

Bengtsson indså hurtigt at hans bog aldrig burde være skrevet af én person alene. Det gælder selvfølgelig endnu mere for nutidige og fremtidige projekter af denne eller en noget lignende art. Mit rundskue er derfor langt mere begrænset – men bemærk bogens undertitel, som vil kalde andre aktører frem på scenen! Fremstillingen har sine skæve vinkler, her og der, den anlægger et bevidst interessestyret syn på sagen og i det hele taget en betragtning på distance. Jeg skriver ud fra fagets nuværende, højst komplekse tilstand, men uden et dertil svarende overblik over den store horisont; og navnlig i de første kapitler rettes der speciel opmærksomhed på særlige forhold i den danske uddannelsesstruktur.

Som før nævnt opererede jeg længe med undertitlen "Utidssvarende universitetstanker". Den var begrundet i andet og mere end snævrere faglige problemstillinger. Navnlig havde den adresse til en meget videre og, som jeg opfatter det, på en måde langt alvorligere situation. Den angår universitetets selvforståelse, som uden nogen som helst tvivl har været under kraftig forandring i retning af en regulær transformation. Måske endda en opløsning af hvad vi har kendt som universitetets identitet igennem generationer.

Det har været en meget hastigt forløbende proces, og én der foreløbig ikke ser ud til at ville falde tilbage i en forholdsvis stabil tilstand. Og det er min påstand at denne dynamik er "blind", thi den er forblændet.

Til kendsgerningerne hører at Aarhus Universitet i de sidste 15 år har anvendt enorme kræfter og summer på en omstrukturering af sine forskellige institutioner; herunder og ikke mindst af det administrative apparat. Forskerne selv, den egentlige vitale kraft i universitetet, har måttet lade disse forandringer gå hen over sig uden reel mulighed for medindflydelse, samtidig med at de har måttet afgive en stor mængde tid på tvungen deltagelse i diverse møder, læsning af papirer, drøftelser af nye fagformationer og betegnelser herfor, samt en masse skriftlig rapportering både indadtil og opadtil.

Denne proces er lanceret og ideologisk legitimeret af universitetets ledelse og det administrative apparat under mottoet "Søg de dybere sammenhænge". En parole hvis rationale består i en formodentlig skråsikker overbevisning om en *sine qua non*-præget gavnlighed af de massive sammenføjninger af adskilte og delvis meget forskellige fagmiljøer, som har fundet sted. Enheder der for humaniorafagenes vedkommende oven i købet i forvejen var slået sammen til større institutter, men trods alt af indbyrdes mere beslægtet art.

Tænk, om samme ledelse i stedet havde valgt en decentral fremgangsmåde i sin videreudvikling af universitetsstrukturen, og i den forbindelse havde krævet af hver enkelt (evt. nykonstelleret) fagenhed/faggruppe at udforme og synliggøre et forskningsprogram og en fagudvikling over et specificeret, kortere tidsrum. Dét kunne nok have skabt mere frugtbare, dybere sammenhænge end den nu påtvungne – og i virkeligheden ganske uforpligtende – "søgen" efter sådanne.

Men er det overhovedet disse "dybere sammenhænge" der ligger dagens universitetsledelse på sinde? Og hvis ja, med hvilken sikkerhed for opnåelse af formål i den retning har denne ledelse opereret i sin fremtidstænkning? Stillet over for begge disse spørgsmål er min skepsis betydelig; jeg fristes til at mene at hele situationen styres af noget andet end det som burde ligge til grund for definitionen af universitetets perspektiv: den kritiske spørgen til, og spørgen efter, specialiseret viden samt vidsyn. Det aktuelle perspektiv bestemmes i stedet især af økonomi, af såkaldt lønsomhed, og det understøttes af en række dertil passende ideologiske mantraer. Blandt andet: fleksibilitet eller tilpasningsvilje (i praksis tilsat føjelighed) og en 'interdisciplinaritet' som jeg vil kalde 'fladere sammenhænge', frem for "de dybere".

Det skyldes dog ikke *kun* økonomi, men lige så meget at universiteter i dag gør meget ud af at ville hævde sig på en plads mellem de bedste i verden (helst blandt de 100 højst rangerende). Hvordan man så end har bildt sig ind at en rangordning overhovedet kan have gyldighed. Men nu er dette *ranking*-system jo engang kommet til verden, og med dét er lønsomhed og image på en ny måde blevet afgørende størrelser i universiteternes – og dernæst studenternes – virkelighed. Synlighed er sagen.

Det er dog ganske åbenlyst at der samtidig er afgørende modsigelser mellem prætentioner på den ene side og midler, initiativer, men sandelig også en *laissez faire*-præget holdning på den anden side. Universitetet mangler i for høj grad selvkritik på det overordnede plan.[3] Jeg skal belyse det med et helt tilfældigt, for så vidt ret betydningsløst, rent symbolsk eksempel.

Jeg aflægger mit tidligere institut et besøg i september 2009. Det første jeg her får øje på er en manifestation, i fysisk form, af de nye studenters (eller deres tutorers) signalement af den påbegyndte tilværelse på universitetet. Det består i nogle skrotningsmodne campingvogne, overmalede med sætninger der alle eller for en stor dels vedkommende indeholder det samme ord: *Handlings-*

---

[3] Jeg har mærket mig følgende aperçu: *"A university is an institution which applies systematic research to almost everything under the sun – except itself."* (Th. Caplow, M.G. Preston: *The Academic Marketplace*. N.Y. 1958, s. 25.)

rum. Nogle steder angivet som forkortelse: HR. Min umiddelbare tanke er – og jeg tror med en vis chance for en korrekt fortolkning – at denne forkortelse også skal ses som en hentydning til erhvervslivets begreb *Human Resource* (jf. stillingen 'HR-manager').

En måde at bibringe de nye studerende universitetsånd eller -identitet? Ja, en moderne måde: et forsøg på *branding*, på linie med det berømt-berygtede søslag i universitetsparken ved forårstide, der helt officielt er blevet erklæret som værdifuldt for universitetet (i dets egenskab af en art kommerciel virksomhed): som et attraktivt og deraf følgende lønsomt universitet. Men denne funktion og den hele tænkemåde eller strategi er fremelsket helt på mediesamfundets betingelser; og om det egentlig er klædeligt for, endsige gavner et universitet der vil være sit navn bekendt, tvivler jeg på.

Selvfølgelig kan det også tænkes at man skal opfatte denne "installation" som et led i en diffus uddannelsesaktion – et initiativ til en *brainstorming*-proces, i det fromme håb om at det vil sætte en refleksion i gang hos de studerende. Om den så kan have effekt i en faglig sammenhæng er igen nok tvivlsomt. Snarere vil jeg tro at arrangementet har bidraget til mere diffuse og abstrakte erfaringer. Noget frugtbart resultat i forhold til en studiestart i egentlig forstand har jeg svært ved at forestille mig for denne happenings vedkommende.

Det er dog nok bare sådan at disse handlingsrum ikke skulle betyde andet end et tema eller en ramme for alt det der hører studiestartens øvrige fest og ballade til. Og som altså havde til formål at akklimatisere studenterne til de nye omgivelser i rent social forstand. Følgagtighed og uklar eksperimenteren grænsende til pjank har nok domineret og triumferet, og hvad der lider under det, er en alvor der er nødvendig for et universitet, verdensklasse eller ej. For i sidste ende bliver de studerende måske narret, især hvis de er kommet til universitetet med forventning om at *studere*. Hvis det da ellers er sandt at dette er noget andet og mere end at tage en uddannelse.

Hermed har jeg vel bekendt kulør og reelt stillet et udfordrende spørgsmål: om det tidligere universitets fagligt fordybede, ideelt set forskningscentrerede grundlag mon er ved at blive overlejret af en *event*-kultur som det postmoderne universitets vandmærke; ikke mindst i de fagmiljøer der udgør det humanistiske fakultet (pardon: nu hovedområdet *Arts*). Jeg spørger altså, hvorvidt universitetet vogter samvittighedsfuldt nok på at indfri sin stadig fastholdte målsætning om, foruden at drive forskning, at give undervisning på et forskningsbaseret grundlag – undtagen på få, helt bestemte steder: enkelte fag og centre som har fået tildelt en *excellence*-status, foruden naturligvis i de forskningsprægede uddannelsesforløb, i praksis nærmest: ph.d.-studierne.

For selve det fag, som jeg her taler ud fra, kan det desuden være berettiget at spørge, om det videnskabelige element på grund- og kandidatuddannelsens niveauer har en realitet der helt svarer til universitetsfagets selvforståelse. Er altså 'musik*videnskab*' i grunden den rette betegnelse for det fagfelt som bachelor- og kandidatstuderende bliver konfronteret med?

Hvis det kan problematiseres med en vis vægt, så kan mit forehavende på en måde betragtes som et udkast til en utopi, med fordele: Som et bud på en vejledning i noget som ikke *er* der hele vejen igennem: musikvidenskab. – Ud fra mine givne erfaringer, og lidt med dét unge menneske i tankerne, der for nu mere end et halvt århundrede siden forhørte sig netop hos Ingmar Bengtsson i Uppsala om at studere musikvidenskab dér.

Det blev jeg frarådet – efter Bengtssons mening var faget langt bedre stillet i Danmark. Så jeg trak følehornene til mig. Siden har jeg indimellem fortrudt at jeg rettede mig efter hans råd og opgav denne studieplan. Og derfor vil jeg nu på en vis måde gøre dét at jeg skruer tiden tilbage, begynder forfra på en anden måde, og med en anden vejleder ved hånden end dem jeg fik. Med mig selv, henholdsvis denne bog. *To whom it may concern* blandt dagens studerende og kolleger.

Det er ikke, og slet ikke længere, nogen naturlig eller given sag at *studere musikvidenskab* i Danmark: som en fordybelse ad et sidespor der forløber mere frit og mere kringlet end ad den lige og ret hurtiggående hovedlinie. Men dog i kontakt samt i delvis fællesskab med denne etablerede studieretning. Man kan også sige: i større akademisk frihed og i større personlig ansvarlighed. Og burde der egentlig ikke være plads til dét, her og der, også i dagens universitet?

1 · Fagets identitet
Musikvidenskab eller "bare" Musik?

DET VIL VÆRE RIMELIGT hvis studenter, når de overvejer et akademisk musikstudium, eller de er nået til at tage fat på tingene, fornemmer at Musikvidenskab som universitetsfag i Danmark har en uklar identitet. Det gør de dog nok i virkeligheden ikke, for de har selvfølgelig konsulteret en eller flere af de pågældende institutioners præsentation på Internettet. De tegner alle et indbydende billede af et bredt appellerende fag. Hvad disse beskrivelser derimod ikke så meget har tilstræbt, det er at tydeliggøre fagets videnskabelige aspekter. Det er nok ikke udtryk for manglende evne til at informere, men snarere et resultat af en bestemt selvforståelse. Den trænger derfor til at blive klargjort lidt nærmere, hvilket betyder at et stykke forhistorie må rulles op.

Lad os se på stedernes navne for de tre institutioner herhjemme, hvor man kan studere musikvidenskab.

Musikvidenskabeligt Institut hed det meget længe ved Københavns Universitet, hvor det hele begyndte. I dag er det en afdeling under *Institut for Kunst- og Kulturvidenskab.*

Det begyndte så småt i 1890'erne, da Angul Hammerich fik forelæsningsret som 'privatdocent' og senere som ordinært aflønnet docent. En afgørende udvikling begyndte dog først efter indførelsen af et mag.art.-studium i 1915; men navnlig dog fra 1924, hvor der blev oprettet et bifagsstudium i Sang (Musik), altså med sigte på uddannelse til gymnasielærer. Før havde fagets navn været Musikhistorie. Denne udvikling faldt sammen med ansættelsen af Erik Abrahamsen som Hammerichs efterfølger som docent; og kort tid efter, i 1926, blev den styrket gennem opnormeringen af hans docentur til et professorat.[4]

---

[4] Tidligere havde der kun været afholdt forelæsninger for alment interesserede, og derudover enkelte gange eksamination af kandidater til magistergraden i musikhistorie, som Angul Hammerich varetog (indtil 1920). Fra 1923 udnyttede tre fagfolk, der havde taget deres doktorgrad i udlandet: Knud Jeppesen, Abrahamsen og Torben Krogh, desuden deres dermed erhvervede forelæsningsret. (Jf. Søren Sørensen: "Das musikwissenschaftliche Studium in Dänemark seit 1870", in: *Beiträge zur Musikwissenschaft* 1972, s. 109ff.;

Samme navn blev helt naturligt også anvendt – det var efter tysk universitetstradition – da faget i 1946 fik sin første aflægger, ved Aarhus Universitet (undervisningen påbegyndtes dog først året efter). Professor blev Knud Jeppesen – som i øvrigt havde konkurreret med Abrahamsen om stillingen i København (og sikkert nok burde have fået den). Instituttets selvstændighed varede her indtil kort efter år 2000, da faget blev indlemmet i et *Institut for Æstetiske Fag*, med fem faglige enheder. Det skete mere af administrative end af faglige grunde. Og det er nu yderligere, 10 år senere – stadigvæk med det yngre navn Afdeling for Musikvidenskab – blevet til et meget lille element i et gigant-institut der omfatter 18 fag, blandt andet samtlige sprogfag: *Institut for Æstetik og Kommunikation*. (Jf. mine syrlige bemærkninger i indledningskapitlet.) Overgangen allerede forinden til betegnelsen 'afdeling' følger den engelsk/amerikanske sprogbrug, hvor en faginstitution kaldes *Department*.

Noget anderledes har fagets situationen været under Aalborg Universitet. Her har man siden 1976 udbudt en grund- og siden også en kandidatuddannelse (men aldrig nogen magisterkonferens – som nu i øvrigt er afskaffet over hele linien). Navnet blev (rettelig: var) Institut for *Musik* (og Musikterapi); sikkert efter engelsk forbillede, hvor det er normalt at universitetsfaget kaldes *Music* og ikke *Musicology*. Dette gjaldt indtil faget for nogle år siden blev opsplittet på en mærkværdig måde og strøet ud på to institutter for henholdsvis *Kommunikation og Kultur* og *Globale Studier*.

---

desuden Nils Schiørring: "Musik", in P.J. Jensen (red.): *Københavns Universitet 1479-1979*, bd. XI, s. 372ff., samt Th. Holme Hansen: "Konkurrencen om musik-docenturet i 1924", in: *Cæcilia V* (1998-2001). Aarhus 2002, s. 53ff.)

Helt uanset disse forskelle i betegnelserne er det et fælles træk at faget er udformet ud fra et grundlag som, på trods af fornyelser af mange slags i tidens løb, har været præget af dets stilling som først og fremmest et gymnasielærer-uddannende fag. Den profil for musikstudiet i Danmark, som Abrahamsen lagde et nyt fundament til, med musik som skoleembedseksamensfag, er stort set blevet bibeholdt siden hen.[5]

Det er hævet over enhver tvivl at en prioritering af fagets retning mod skoleundervisningen var Abrahamsens hovedhensigt. Også efter at Musik fra 1938 blev et hovedfag ved universitetet, og det dermed voksede til et specialestudium. Magistergraden spillede dog til stadighed en rolle (og den blev faktisk taget af ikke helt få). Abrahamsen var navnlig optaget af folkeoplysende sider af sit fag. Det var også disse emner hans publikationsvirksomhed var koncentreret om i tiden efter 1925.[6] Fagets tyngdefelter dengang: musikhistorie, filologi og værkanalyse fik først for alvor pondus efter 1945. I det

---

[5] I ventetiden før nybesættelsen af det længe ledige professorat efter Erik Abrahamsen skrev *Dansk Musiktidsskrift*, nok lidt skeptisk, i en leder.: "[...] Forholdene har medført, at den slagne vej med skoleembedseksamen synes at have draget det rent musikvidenskabelige arbejde ind på alt for snævre områder. [...] Musikvidenskaben [bør] ikke begrænses til forhåndenværende specialer inden for stilkritik og musikteori, men bevidst placere sig under det humanistiske fakultet, som udtryk for et væsentligt kulturområde". ("Der skal udnævnes en professor –", *DMT* 1954, s. 1.)

[6] Jf. de tre bøger Abrahamsen skrev i sin embedstid: *Tonekunsten* (1927), *Musik og Samfund* (1941 – den har ikke noget med musiksociologi at gøre), og *Hvem er musikalsk?* (1943). Han fungerede i årene 1928-43 sideløbende som timelærer i sang/musik ved Sankt Jørgens Gymnasium, og desuden permanent som musikanmelder ved dagspressen. Han døde i 1949. (Jf. i øvrigt Bo Marschner: "Erik Abrahamsen og musikvidenskaben", in: *Musikvidenskabelige kompositioner. Festskrift til Niels Krabbe* (= *Danish Humanist Texts and Studies*, vol. 34), Kbh. 2006, s. 677-692.)

år blev den internationalt renommerede Haydn- og Händelforsker Jens Peter Larsen (lektor fra 1938) ansat i et professorat nummer to.

At musikstudiet ved de danske universiteter pr. tradition har en stærk orientering mod det pædagogiske virke har blandt andet indvirket på institutionernes størrelse, som personalemæssigt set har ligget langt over hvad der gælder for de tilsvarende institutter i Sverige. Her, og på samme måde i Tyskland, bliver gymnasielærere i musik uddannet ved konservatorierne, mens universiteternes fagligt beslægtede institutter begrænser sig til spektret af historisk-teoretiske anliggender.[7] Men det har naturligvis heller ikke kunnet undgå at vise sig som kvalitative forskelle i forhold til fagets oprindelige karakter.

Hvor universitetsfaget i de to nævnte nabolande i princippet koncentrerer sig om de udprægede musikvidenskabelige emnefelter, ligger tyngden i musikstudierne her til lands, i kraft af mængden af deres discipliner, snarere på noget der kunne kaldes *musikformidling*, med en nogenlunde ligelig fordeling af momenter inden for de historisk/teoretiske, de analytiske, de satsgestaltende og de udførelsesmæssige felter. Fagspecifikt sagt (for tværfaglige elementer er tilføjet løbende): musikhistorie og værkanalyse; satslære og arrangement; kor- og ensembleledelse; sang og klaverspil. Alle disse studieelementer indgår i ét eller andet omfang obligatorisk i uddannelsen. Denne type musikstudium spænder – eller skræver – vidt, så meget kan i hvert fald siges.

*

7 Dog har man ved Uppsala universitet i 2006 lanceret en 1 1/2-årig musiklæreruddannelse i samarbejde med universitetets institut for pædagogik, som kan supplere de musikvidenskabelige kernefag.

Spørgsmålet er nu, om de snævrere musikvidenskabelige elementer (det vil i ovenstående disciplinfortegnelse sige: til og med satslære[8]) kommer i klemme derved? Det har næsten alle i det hjemlige miljø, der er dybere involveret i faget, svaret nej til, med det argument at en musikermæssig indstilling og solide praktiske færdigheder i den retning er et væsentligt element både for den musikvidenskabelige skoling og i det senere arbejde. Andre mener, uden nødvendigvis helt at afvise dette synspunkt, at en sådan ballast kan opnås ad anden vej end gennem formelle og tvungne undervisningselementer. Det handler bestemt om vigtige kvalifikationer; men samtidig også om nogle som sluger en hel del tid i studiet. Så hvis man – som jeg – mere hører til på den anden fløj, som har været mindretallets, må sagen forfølges med andet end "kvantitative" argumenter. I den forbindelse får to reelt sammenhængende forhold særlig betydning: dels betingelserne for en faglig identitetsdannelse og dels resultaterne heraf.

For det helt store flertal af studerende vil det vanskeligt kunne undgås at en stærk gymnasie- (og lignende) pædagogisk orientering af universitetets musikuddannelse tager en hel del af opmærksomheden fra den videnskabelige side, som man dog insisterer på at studiet skal indeholde. Jeg udtaler mig ikke om graden af en sådan forflygtigelse – den kan selvfølgelig variere –, men vil blot fremhæve et forhold man ikke har villet tale så meget om. Men det lader sig næppe bortforklare, og jeg vil mene at det ikke er problemløst for faget i dets stilling som humanistisk universitetsfag (jf. fn. 5).

---

[8] Hertil kommer nogle discipliner som ikke er obligatoriske, knap nok omtales, i det "normale" musikstudium, bl.a. notationslære, især palæografi, dvs. ældre, ikke længere anvendte notationsformer.

Det synes også at bekræftes ud fra den forskningsmæssige rekrutterings situation; f.eks. når man ser på mængden af ph.d.-studerende. Studentertallet på den forskningscentrerede musikvidenskabelige uddannelse[9] har konstant ligget påfaldende lavt, med højst cirka 10 (hvilket endda er en betydelig forøgelse i forhold til situationen for en halv snes år siden). I Sverige er der snarere 50 'doktorandstuderende' indskrevet.

Dette er dog en tankevækkende forskel, selv om det må tages i betragtning at den svenske forskeruddannelse hidtil – inden man nu er begyndt at tillempe den såkaldte Bologna-deklarations almene studiebestemmelser – kun har krævet 3 års forudgående studier (som minimalkrav), heraf mindst 2 års eksaminer inden for doktorandstudiets fag. Desuden er der en afgangsmulighed som licentiat (fil. lic.) midtvejs i det 4-årige forskeruddannelsesforløb.[10] Incitamentet til at gå videre til en udbygget, 7-årig uddannelse – alternativt (lige som herhjemme for kandidatuddannelsen): en 5-årig – har derfor været en del større i Sverige end i Danmark.

Hvad der dog måske er vigtigere at tage i betragtning er at disse og andre forskelle er *strukturelle* kontraster, som har en nok så væsentlig betydning for hvordan de studerende helt overordnet opfatter deres studium. Og dermed væsentligt forskellige normer for, hvordan vore

---

[9] I Danmark har der indtil studieordningen af 2005 eksisteret en magisterkonferens-uddannelse i Musikvidenskab (dog kun i København og Aarhus). Men den har gennem længere tid ikke i sig selv givet adgang til fast ansættelse som universitetslærer; hertil kræves nu kvalifikationer på ph.d.-niveau. Konferensen (mag.art.-graden) har derfor i de senere år ikke haft den samme appel til forskningsinteresserede studerende som tidligere.

[10] I praksis synes de svenske studerende dog for langt de flestes vedkommende at "gå hele vejen", om end studiet oftest trækker ud.

musikstuderende på den ene side og svenske eller tyske studerende på den anden side får dannet deres erfaringer med faget, forstået som musikvidenskab. Det gælder de store forskelle der består i kraft af de mange praktisk-musikalske discipliner man i det danske musikstudium skal igennem, navnlig i de indledende faser; og det gælder, af samme grund, også det ugentlige timetal af undervisning, samt hvad dette indebærer i forberedelsestiden: Hvordan der studeres.

Det er nok ikke helt forkert at antage at den danske model i noget højere grad disponerer for fastholdelsen af et mere skolepræget tankemønster, en fortsættelse af den tidligere skolegangs fagligt spredte og mere elementære undervisning, frem for at lægge op til et kvalitativt spring, til noget mere helhedspræget i faglig henseende, som det kan være fristende at reservere ordet studium til at gælde. Det er både et spørgsmål om konsistens og om hvad man bruger sin tid til. Danske musikstuderende må føle at de svæver mellem en pædagogisk/musikermæssig og en videnskabeligt præget uddannelse. Det er en realitet der frister til at gribe til ordet 'musikformidling' som identitetsmarkør. Jeg *har* indimellem ladet en bemærkning falde om, at denne betegnelse ville være mere passende end musikvidenskab, som institutionens navn. Det blev dog ikke taget mig særligt nådigt op, og jeg ønskede da virkelig heller ikke en ændring af den art.

Men se nu alligevel hvordan faget ved Aarhus Universitet i 2011 præsenterer sig på sin hjemmeside:

> [...] Kort sagt uddanner vi den moderne musikformidler og musikunderviser, der kan forholde sig nuanceret til såvel kompositionsmusik som populærmusik, og som både besidder de nødvendige musikalske færdigheder og IT-kompetencer.

Min påstand er ikke (trods en vis skepsis) at det uvilkårligt må føre til en sænkning af den faglige standard, en bred, men mere summarisk viden på bekostning af kernefaglig dybde. Men jeg har ønsket at plædere for en stærkere profilering af 'musikvidenskab' som uddannelses*gren*, en studie*retning* af egentlig musikvidenskabelig karakter, med hovedvægten på kernefaglige, dvs. historiske og teoretiske momenter. Jeg er godt klar over at den, institutionelt set, næppe kan stå alene, og at den uden tvivl vil være for de få, som jeg til gengæld tror ville gribe til den med iver, hvis den fandtes.

Min mening er ikke at argumentere for studielivet som en munketilværelse, eller at få det til at lyde som et uddrag af en akademisk rustale af ældre dato. Det er snarere meningen at det skal lyde moderne – men ikke i den *helt* moderne version: den som vil indrette hele humanioraområdet stort set efter det private erhverslivs normer, forventninger eller krav. Vendt mod denne tendens skulle man vove at tænke på et andet, umisteligt perspektiv: "Det sande, skønne, gode / der aldrig går af mode", som det hedder i Axel Juels studentersang.

Jeg er klar over at de tider for længst er forbi, hvor det at studere ved universitetet af mange blev oplevet som et afgørende og privilegeret spring fremad. Det var dengang mere sådan, for det første fordi der ikke var særligt mange studerende. For det andet fornemmede man nok – hvis man tilhørte den særlige gruppe af studerende som dengang endnu fandtes i et vist antal – at være ude i et ærinde der i grunden sigtede videre end mod dét at gennemføre nogle eksaminer; måske endda, på en vis måde, længere end til at tage en uddannelse. Og dette sigte var endvidere ikke så meget forankret i fremtiden som i nuet, i selve den situation at være studerende.

Vi havde dengang ikke, fattige og nøjsomme som vi var, så travlt med en masse ydre ting; der krævedes heller ikke så meget af os i eksamensydelser: mængden af navnlig skriftlige opgaver og omfanget af visse eksaminer var mindre end de siden hen er blevet. Til gengæld forudsatte man (eller institutionen håbede nok snarere fromt på) at selve studiet, som i de tider ikke bare var bredere normeret i tid, men for det meste også trak længere ud end i dag, kvalificerede den studerende ved at afsætte en ballast, netop gennem det mere liberale forhold til studietid. Tid ikke mindst tænkt til selvstudium: læsning, repertoiretilegnelse – dog et repertoire der var mere snævert, men herindenfor samtidig også bredere, end det man i dag vil operere med –, foruden instrumentalspil og sang *uden for* undervisningen.

Alligevel kunne situationen dengang også føles som et strengt privilegium, ikke mindst hvad det videnskabelige aspekt angik. Hvad indebar fremtiden? For mange var det på forhånd utænkeligt at skulle indløse et sådant ideelt projekt overbevisede. Kontrol og overvågning var der knap nok tale om, og selv studievejledning var noget man måtte opsøge decideret aktivt. Man var udover selve undervisningen stort set henvist til at finde ud af tingene på egen hånd.

Derfor, og fordi studiet ikke var så tæt pakket med discipliner og eksaminer som nu, føltes blandingen af de mange og brogede studieelementer heller ikke så tyngende, eller begrænsende. Desuden var der den lange fagtradtion med alt hvad den rummer af uafklarede forhold mellem videnskabs-orienterede og gymnasierettede elementer. Den udgjorde en struktur der havde sedimenteret sig igennem adskillige år og forbundet sig dybt med studiets identitet. Og en debat om strukturreformer var inden 1970 et nærmest ukendt fænomen.

Men så var der jo dengang dén konkrete, men usikre mulighed for at undslippe den grumsede dobbelthed i kandidatuddannelsen: at satse på magisterkonferensen – som indtil 1990 adskilte sig yderlige fra normalstudiet ved ikke at være en eksamen, men "alene" en grad: en 'videnskabelig modenhedsprøve', helt uden graduerede karakterer. Nu går den eneste vej til en forskerkarriere gennem ph.d.-graden, oven på en kandidateksamen og som regel i emnemæssig forlængelse af hovedfags-specialet. Men det er på flere måder et spinklere grundlag end den vej der tidligere oftest gik over magister-graden.

Desuden er det i denne sammenhæng nødvendige ph.d.-stipendium indtil videre en ret svært opnåelig gevinst; forskeruddannelsen har derfor antaget karakter af et nåleøje af rang. En del talenter forhindres vel dermed i at komme til udfoldelse inden for forskningen, og hvad værre er: det betyder ganske sikkert at et vist antal blandt studerende med denne særlige indstilling har besluttet at se bort fra egentlige musikvidenskabelige kvalifikationer som et hovedmål med deres uddannelse; allerede inden spørgsmålet er blevet virkelig aktuelt for dem.

Uanset hvad, så kommer de tidligere tider (hvordan de nu ellers var i deres konkrete virkelighed) ikke igen; dertil er universitetet simpelthen blevet et sted hvortil så at sige "for mange" kan synes at have fået adgang, og hvor derfor risikoen for et overdådigt spild af tid og skønne kræfter for længst er blevet erklæret som samfundsøkonomisk set helt uacceptabelt. Men det er heller ikke det afgørende ved mine betragtninger over hvordan det tog sig ud i tidligere, "gyldne" tider. Jeg er kort sagt ikke så blåøjet at ville fremhæve, endsige genindsætte, et såkaldt eliteuniversitets standarder på et tidspunkt hvor der først nu, i begyndelsen af det 21. århundrede, for alvor foreskrives og udstikkes retningslinier for højere uddannelser, der er i fuld overensstemmelse med et for længst helt forandret universitets tilbud og krav (i både positiv og negativ forstand).

Men også det tilpasningsivrige "breddeuniversitet" kan have mangelfuldt erkendte problemer med nogle af sine fagstrukturer. Det er én af disse strukturer jeg her, til indledning, forsøger at gøre opmærksom på. Alene dét at det grundlæggende problem jo var nedlagt i fagstrukturen næsten fra begyndelsen, i midten af 1920'-erne, gør at en henvisning til forgangne tiders forhold ikke uden videre kan bruges som begrundelse for noget som helst, i den nutidige situation og for fremtiden. Selve problemet består dog stadig, og skal der en forandring til, hvad der efter min mening for længst burde være sket: væk fra den uafgjorte dobbelthed (positivt udtrykt: den ligelige vægtning) imellem historisk/teoretiske og praktisk-pædagogiske kvalifikationer i det eneste *givne* studium, så ser det i den nuværende situation ud til, at det må ske ad bureaukratisk vej.

Det vil kunne gøres (og vil nok blive fordret) via de stadigt tydeligere tendenser i den politiske forvaltning af uddannelsessystemet: gennem krav om effektivisering. Det er kommet til udtryk flere gange i form af økonomiske nedskæringer og forkortede studietider. Og det vil – i konsekvens af det første – meget let kunne medføre ønsker om en fleksibilisering af uddannelserne, ikke mindst i form af specialiseringer, dvs. valg på egen hånd af forskelligt kombinerede fagelementer, typisk på tværs af beslægtede fag eller i en krydsning mellem humanistiske og forskellige mere eksplicit "erhvervsrettede" uddannelser. Der vil måske blive sat ind på at forøge mulighederne for de enkelte studerendes individuelle uddannelsesprofil. Det er allerede ved at vise sig i det overordnede billede; hertil hører for eksempel udkast til *Graduate schools*: tværfagligt betonede studier på det 5. – lig med det sidste *undergraduate* – studieår, som springbræt (for nogle få) til forskeruddannelsen, som dermed kommer til at nærme sig en 4-årig ramme inden for det nuværende (og givetvis også blivende) maximalt 8-årige forløb.

Men sådanne tiltag er også kun en delvis farbar vej til ændringer i retning af det bedre, det vil sige til uddannelsesforløb der er mere individuelt imødekommende for så mange studerende som muligt. En anden faktor, som jeg vil anse for fuldt ud lige så nødvendig, er den enkelte studerendes – og i mindst lige så høj grad studenterkollektivets – mere seriøse motivation og dybtgående engagement. Sådanne kvaliteter trænger til at styrkes; det er i hvert fald et facit af mine og andre kollegers erfaringer gennem mange år. Også derfor var den såkaldte Humboldt-bevægelse blandt studenterne glædelig; blot må man håbe at den med tiden igen må blive mere synlig end det i øjeblikket er tilfældet.[11]

Det *at studere* fortjener at blive opfattet af den enkelte, og i studenternes fælles selvforståelse, som et mere ambitiøst og måske eksistentielt ærinde, end tilfældet er nu. Derved ville det måske også kunne få en mere privilegeret status end det har i øjeblikket. Også dét ville

[11] For eksempel giver opslag på Internettet indtil videre påfaldende få "hits". Måske er bevægelsen allerede afgået ved døden, i erkendelse af at løbet er kort, at realiteten heri hørte til i en snart fjern fortid.

jeg gerne kunne fremhæve uden at blive misforstået som virkelighedsfjern – hvilket det halvvejs nostalgiske tilbageblik på mine egne studievilkår i en svunden tid selvfølgelig let kunne give anledning til.

Skal studiet ved dagens breddeuniversitet leve op til standarden i det tidligere universitet, dét for "de færre" (og som der selvfølgelig også var nogle dårligdomme ved), så er begge de ovenfor nævnte udviklingsstrategier nødvendige. Og man kan så blot håbe at der på grundlag af virkelig dyberegående reformer af studiets rammer, baseret på indsigt og en kvalificeret diskussion, vil kunne opstå en ny, mere moden og engageret generation af studerende. Studenter som ikke bare affinder sig med det bestående, men indser deres medansvarlighed og vil være med til at give faget et nyt, tiltrængt løft – lidt lige som det senest fandt afgørende sted i begyndelsen af 1970'erne. Men nu så afgjort også et løft af en anden karakter end dengang, hvor fagets profil (i hvert fald i Aarhus) på samme tid blev skærpet og skåret til i en ganske ensidig retning mod rene eller overvejende gymnasierelevante kvalifikationer, og i den forbindelse med stærk vægt på (re)kreative momenter i skoleundervisningen (foruden på firkantede politiske paroler: "Forskning for folket, ikke for kapitalen" o.lign.).

Ændringer ad disse linier behøver naturligvis ikke at slå igennem på samme måde eller med samme vægt alle steder inden for universitetsuddannelsen i musik, hhv. musikvidenskab. Jeg har ingen forestillinger om en eksilering af det mere pædagogisk rettede musikstudium til f.eks. de nu fremvoksende centre for videregående uddannelse, eller *university colleges*, som de nu kaldes på det moderne *lingua franca*. Selv om et sådant perspektiv ikke forekommer mig ganske urealistisk som et fremtidigt politisk udspil. Jeg udtaler mig i det hele taget ikke som uddannelsesplanlægger (i den henseende viste det sig at jeg kun havde ringe gennemslagskraft), men med en rent faglig (foruden humanistisk) stemme.

Jeg har indtil nu givet en subjektiv, men argumenteret problemformulering. Nu vil jeg forsøge mig med en løsning ved at optegne en ændret faglig profil. Det vil ske i form af en art konkurrenceforslag til en ny fagbygning (ganske uanset at der ikke er givet nogen konkret anledning hertil). Til alt hvad der følger i dette kapitel forudsættes det – om end p.t. utopisk – at der eksisterer rammer og resourcer for et musikvidenskabeligt studium som helt fra grunden er lagt til rette på en specifik måde.

Situationen svarer altså til den mulighed som svenske eller tyske studerende har, når de skal træffe deres valg af musikstudium; hvor situationen er dén at langt flere end herhjemme vælger alternativet musikvidenskab. Det forudsættes altså, i konsekvens heraf, at der består et reelt valg mellem at studere musikvidenskab eller "musikformidling" ved universitetet.

Når jeg nu rydder tegnebordet og præsenterer noget helt andet end den velkendte version af musikstudiet i Danmark (ved universiteterne), så sker det med afsæt i et tidligere udkast.

En tænkt studiemodel

For mange år siden, i 1999, fremlagde jeg i *MuSuiten*, et engang eksisterende, studenterredigeret organ på Aarhus-instituttet, et udspil til en ny plan for universitetets musikstudium. Det var på et tidspunkt hvor endnu én af mange revisioner af studieordningen var i støbeskeen, og perspektivet i forslaget var vidtgående, selv om der kun var tale om en skitse til en studiemodel alene for grunduddannelsen (GU): de to første studieår. Udkastet betød i forhold til den daværende studieordning – og vel selv i forhold til den nugældende – et mere åbent system af fagelementer (alias undervisningsforløb), med en tilsvarende højere grad af valgfrihed m.h.t. indhold.

Forslaget blev aldrig taget op til konkret drøftelse under arbejdet med studieordningen. Det blev lagt til side med den begrundelse at tanken om faglige valgmuligheder allerede fra første studieår måtte anses som en uforsvarlig disposition. Kort sagt: planen fik ingen praktisk betydning, heller ikke senere. Men bortset fra at jeg stadig anser den for at være bedre end det der i øvrigt blev gennemført af ændringer dengang, skal jeg her tage den ud af mølposen, da den kan vise, i form af en model, hvad der, stadigvæk, særligt ligger mig på sinde.

Til forberedelse citerer jeg et afsnit fra en (nu slettet) internet-hjemmeside for et tysk musikvidenskabeligt institut (Erlangen-Nürnberg, der siden er fusioneret med instituttet i Würzburg): "Grunduddannelse i musikvidenskab: Råd og vejledning for begyndere i faget". (Jeg har erstattet det på tysk naturlige *Sie* med det mere mundrette danske *du.*)

> Den tilbudte undervisning, som veksler fra semester til semester, er at forstå som en righoldig menu, hvorudfra du selv skal vælge og sammensætte din timeplan. Bortset fra nogle få obligatoriske aktiviteter beslutter du altså selv, hvornår du vil lære hvad af hvem. Alligevel er ikke alle og samtlige mulige udvalg lige tilrådelige. Lige så lidt som (for at blive i spisekortets metaforik) alle tænkelige anordninger af retterne i en menu er lige velsmagende, nærende og gode for maven.

Disse få sætninger udtrykker klart hvad der var tanken bag mine egne ideer om et musikvidenskabeligt studium.

Mit forslag var inspireret af den åbne, valgbetonede karakter som tyske studieordninger er prægede af. Det opererede som supplerende parameter (dvs. udover de normale points i et årsværk) med et kvantitativt element som eksamensregulativ: overtaget fra forskellige studieordningers fælles nomenklatur (på tysk: *Semester-WochenStunden*, SWS; på østrigsk: SeSt).

Det er den samlede timemæssige ramme for et givet uddannelsestrin der altså er normeret, udtrykt i et samlet tal på f.eks. 40 semester-ugetimer. Denne timesum (der umiddelbart ikke syner af så meget) kan praktisk udmøntes i 10 ugentlige timer i 4 semestre, eller som 12 UT (ugetimer) i ét år og 8 timer pr. uge i det næste. (Andre, mere fleksible fordelinger er naturligvis også tænkelige.) Den overordnede hensigt med dette var at opnå en mindre fastlåst disciplinvifte, idet det i højere grad blev overladt til den enkelte at vælge blandt en række undervisningsmoduler og at udfylde sit studium med disse, hver for sig kvantificerede, fagelementer.

At der blev tilmålt de forskellige discipliner så og så mange timer var der dybest set ikke noget nyt i. Det nye og anderledes i dette udkast bestod i at der i højere grad end tidligere var tale om fleksible og valgbare studiemoduler (som udmærket kan forenes med nugældende årsværks-points for de enkelte eksaminer).

Jeg var dengang, af praktiske grunde, nødt til også at forholde mig til det eksisterende "normalstudium". Dette dobbelte fokus er også bibeholdt i den efterfølgende fremstilling. Foruden et rammeforslag hertil skitserede jeg – vigtigt! – et mere "luftigt" studium, hvad timetal angår. Det hidtil gældende var meget tæt pakket, og mængden af undervisning forekom at levne for lidt tid til forberedelse og andet studiearbejde i de første to år af uddannelsen. Og sådan er jeg bange for at det stadig er! Mentorvirksomhed og samarbejde i grupper, sammen med lærervejledning i overordnede sammenhænge, navnlig studieplanlægning og -teknik, må derfor indføres som supplementer til de færre skematimer.

Denne reduktion i lektioner fremtræder ikke så stærkt i det mere bundne, gymnasiepædagogisk orienterede studium. Her er en tilnærmelsesvis fast standard nødvendig, da uddannelsen skal give ansættelseskompetence som underviser.

De få bindinger, som forslaget opererede med, ligger i en opdeling af studiets discipliner i tre kategorier:

- Hel-obligatoriske elementer (HO),
- Gymnasie-obligatoriske elementer (GO) samt
- Ikke-obligatoriske elementer (IO).

For at få adkomst som gymnasieunderviser forudsættes der (foruden deltagelse i de helobligatoriske discipliner) en bestemt mængde af særlige pædagogisk rettede fag: de ovennævnte GO-elementer. Især for sidefagsstudiet gælder det at det må være disciplinmæssigt stærkt bundet. Hvorimod den 1-årige suppleringsuddannelse som er indført siden hen (3. studieår, alternativet til sidefaget) kan være sammensat så frit som muligt.

For den omtalte fleksibiliserings skyld overtog jeg, som også før nævnt, et "dimensioneringsredskab" som supplerer de velkendte eksamenspoints: et nyt element der angiver den enkelte undervisnings mængde. Som forkortelse (hvad der hører sig til i bureaukratiske sammenhænge) brugte jeg den mest nærliggende, om end noget latterlige: SUT, der stod for: Samlet Ugentligt Timetal eller SemesterUgeTimer. Disse enheder, som jeg her i stedet benævner ST, udtrykkes i planskitsen (se s. 34) som forbrug af timer, uspecificeret fordelt over de 4 semestre. Og det er vigtigt at understrege at de naturligvis kan og bør anvendes fleksibelt: over 1-4 semestre, alt efter hvad der passer bedst for de enkelte undervisningsforløb (og ud fra hvad de overordnede bestemmelser måtte foreskrive).

Gymnasie-grunduddannelsens 4 semestre tænkte jeg skulle omfatte 48 ST, dvs. gennemsnitligt 12 undervisningstimer pr. uge – hvad der ville betyde en reduktion med cirka 25 procent i forhold til de dengang rådende forhold. Den "frie", musikvidenskabeligt rettede grunduddannelse blev sat til gennemsnitligt kun 10 timer pr. uge, altså 40 ST. Det er ikke meget i forhold til hvad man sætter studenterne overfor i dag; og man kan godt spørge sig, om nutidens skolevante og navnlig i starten ganske skolemæssigt indstillede studerende nu også vil kunne "bære" at få denne ekstra tid til rådighed – til selvstudium, forstår sig. Men man kan også spørge modsat: om der i dagens universitet ikke er afsat for lidt tid til timeforberedelse og til godt gammeldags studium i forbindelse med eller helt ved siden af undervisningen. — Uanset hvad: summen af HO-elementer blev sat til 22 ST og puljen af GO-elementer til 18 ST.

Se opstillingen, næste side, kolonnerne 1 og 3.

Der resterer herefter på gymnasielinien 8 ST, og på den "frie" linie 18 ST – timer afsat til individuelle valg inden for udbuddet af IO-undervisningsforløb (kolonne 2). Det drejer sig her om primært historisk/teoretisk definerede emner eller sådanne som mere sigter mod en kommende funktion som musikformidler i pædagogisk retning (ofte vil de formentlig have karakter af et både/og). IO-elementer betegner med andre ord alle undervisningsforløb af supplerende eller uddybende art, der iværksættes udover undervisningen i de fortløbende HO- og GO-discipliner.

1	2	3
HO-elementer:	**IO-supplering:**	**GO-elementer:**
Musikhistorie: 10 ST	GU-seminar à 2-3 ST	Arrangement 4 ST
Satslære + analyse: 6 ST	Introduktion til Musikvidenskab: 1 ST	+ indstudering: 4 ST
Videnskabsteori: 6 ST	Gehørstræning: 1 ST	Korledelse: 5 ST
	Prima vista-spil: 1 ST*)	Klaver/Sang: 4 ST
	Korledelse: 2 ST*)	Pr. vista-spil: 1 ST
	Klaver/Sang: 2/2 ST*)	
	Repertoiregennemgang: 2 ST	
	Musikteknologi: 2 ST (og andre tænkelige)	
	Collegium musicum: 2 ST	

*) Dog ikke hvis GO-puljen i det pågældende fag er udnyttet.

Kommentarer til nogle af IO-elementerne:

– *GU* (grunduddannelses)-*seminar* var på det tidspunkt, hvor planen blev udarbejdet, ikke noget almindeligt begreb her til lands (anderledes f.eks. i Tyskland, hvor det kaldes *Proseminar*). Man indførte det siden i studieordningen under et andet navn; det betegner tematisk afgrænsede *emnestudier* der supplerer det mere traditionelle oversigtskursus i musikhistorie. Da jeg i planen opererede med en beskåren HO-undervisning i musikhistorie, forestillede jeg mig 2 STs GU-seminarer som "norm" for den gymnasierelaterede grunduddannelse.

– *Repertoiregennemgang* hed i studieordningen oprindelig 'Dansk sangrepertoire' (inklusive sanghistorie). Det var et obligatorisk fag, men fik nu status som tilvalgsfag, et GU-seminar. Som en noget mere omfattende repertoiredisciplin (langtfra alene sangstof) knytter det i nogen grad an til diskussionen om behovet for kendskab til et kanonisk værkudvalg (hovedværker).

– *Introduktion til musikvidenskab* gjorde jeg til et noget mere synligt element end hidtil – hvor det officielt slet ikke eksisterede. Men jeg havde gennem tre år afholdt en såkaldt 'fyraftenstime' en dag om ugen år i efterårssemesteret, uden for "normal" undervisningstid og som sagt helt uden for den regulære studieordning. Efter nogle år sluttede jeg med det, men stoffet lod sig til gengæld indpasse som et element i faget *Studium generale* (som jeg fik ansvaret for fra år 2002); navnlig så længe som dette fag fik lov at løbe over 2 semestre.

– *Klaver* og *sang* skulle udbydes løbende på IO-basis, men her kun for de studerende som ikke udnyttede GO-puljen, hvori disse to fag er indeholdt. Disciplinerne tænktes i denne forbindelse noget reducerede.

– *Collegium musicum*: Et forum af den art, bestående af et orkester samt kor, vil være et nyt element (eller snarere en genindførelse) i den universitære musikuddannelse. I det mindste hvis det defineres både som et "rekreativt" og et studiemæssigt defineret foretagende. Der ville måske vanskeligt kunne knyttes nogen egentlig eksamen til deltagelse heri, men vel nok gives en vis godskrivning for investeret tid og flid. Det måtte også være åbent for andre musikalsk kvalificerede på universitetet og lignende steder fra. Instituttet skulle primært være dets hjemsted og om muligt en væsentlig fødekilde for foretagendet, hvad der også skulle afspejles i at dets leder blev honoreret, ved arbejdsmæssig godskrivning eller kontant.

Dette forslag til en studieplan – som ville kunne følges konsekvent op i studieforløbet frem til kandidatgraden – forekommer mig at rumme nogle klare fordele, især i forhold til det daværende studium, men også sammenlignet med et par følgende studierevisioner.

For de studerende må det regnes som noget positivt, om enhver fik mulighed for at sammensætte sin uddannelse noget mere efter egne ønsker. Sådan er det – på et overordnet plan – gjort andre steder: i det engelske, det amerikanske og det svenske humaniorasystem (hvor endog flere end de nuværende to studiefag kan indgå i bacheloruddannelsen). Endvidere turde det være et temmelig stærkt kort at spille ud i en tid hvor individualismen florerer, og hvor arbejdsmarkedet befinder sig i en proces af differentiering der tilskynder uddannelsesinstitutionerne til at konkurrere på gode ideer hvad angår fleksible studietilbud og målrettethed mod nye og fremtidige arbejdsmarkeder.

Til det sidste vil der selvfølgelig altid knytte sig en usikkerhed, f.eks. omkring virkninger af nye strukturer i gymnasieskolen, sidst dén fra 2005. Efter denne reform er faget musik blevet noget reduceret, men dog også åbnet for visse nye muligheder, som især knytter sig til tværfagligt samarbejde. På den baggrund er det vel ikke utænkeligt at en grunduddannelse som den nedenfor skitserede musikvidenskabeligt orienterede (model B) kunne vise sig at have nogenlunde lige så væsentlig relevans, som basis for arbejde med pædagogisk formidling af musik, som den gymnasieorienterede (model A).

Af administrative fordele og ulemper kan anføres: For institutionen ville der foreligge bedre økonomiske manøvremuligheder i kraft af studieplanens fleksibilitet, for ikke at tale om den reduktion af den samlede mængde undervisning (fastlagt i forhold til eksamenskrav) som forslaget indebærer. Endvidere er modellen med sit supplerende, kvantitative dimensioneringssystem smidig i forhold til at indføre en differentiering i tilrettelæggelsen af undervisning, f.eks. gennem afholdelsen af mere intensive kompaktforløb: 'blokstrukturer' i semesterforløbet, eller omvendt: længere intervaller mellem lektioner som supplement til den velkendte, regelmæssige model: det uforanderlige lektionsskema på ugebasis gennem et helt semester.

De tekniske problemer ved modellen er små og består mest i to forhold: Den studerende skal selv indsamle det nøjagtige antal eksamenspoints. Denne omkostning ved fleksibiliteten, som studerende i andre lande har vist sig at kunne leve fint med, vil også herhjemme stort set kunne elimineres gennem opstilling af nogle få vejledende studieskabeloner (se eksempler nedenfor og på næste side). For institutionen kan det til gengæld være det blev lidt vanskeligere at planlægge, hvor megen GO-undervisning og hvilken IO-undervisning der skal programsættes for hvert nyt semester.

Her følger et modelforslag for hver studieretning:

A. Det gymnasie/formidlings-orienterede studium:

· Musikhistorie (HO): MH 1 (5 p.), MH 2 (10 p.), MH 3 (15 p.) samt 1 grundseminar, uden godskrivning af særlig studieaktivitet (IO, 5p.):	35 points
· Kurser i satslære og analyse (HO):	15 –
· Studium generale (Videnskabsteori, HO):	10 –
· Arrangement med indstudering (GO):	15 –
· Korledelse (GO):	10 –
· Sang + Klaver (GO):	20 –
· Prima vista-spil (GO):	5 –
· Gehørstræning (GO):	5 –
· Valgfrit specialkursus (IO):	5 –
Tilsammen: 2 årsværk =	120 points

B. Det musikvidenskabeligt orienterede studium:

· Musikhistorie(HO): MH 1 (5 p.), MH 2 (10 p.), MH 3 (15 p.):	30 points
· 3 grundseminarer (HO/IO), inkl. godskrivning af skriftlig /mundtlig studieaktivitet:	30 –
· Kurser i satslære og analyse (HO):	15 –
· Studium generale (HO):	10 –
· Anden satslære med analyse (IO):	10 –
· Valgfrit kursus, f.eks. digital musikteknologi, arrangement eller andet (IO):	5 –
· Prima vista-spil (IO):	5 –
· Klaver (IO):	10 –
· Gehørstræning (IO):	5 –
Tilsammen: 2 årsværk =	120 points

En præmis for dette udkast til en differentieret studiestruktur er ikke, som man måske kunne tro, forestillingen om at et musikvidenskabeligt studium trives bedst i grundlæggende ubundethed. Snarere fremgår det af de to ovenfor skitserede modeller at det slet ikke er nødvendigt, og derfor ikke er noget problem, at træffe et valg hverken straks fra studiets start eller definitivt siden hen. For selv om retningerne er ganske forskellige, så har de dog også en del elementer til fælles.

Den klareste måde at skelne på og vælge efter – og en mulighed som jeg synes burde stå til rådighed for alle humaniorastuderende – må være at tage stilling ud fra spørgsmålet: Er det mere bundne studium eller et friere det rigtigste for mig? I denne forbindelse betyder det bundne typisk en disciplinmæssigt set bredere, mindre specialiseret uddannelse, med praktisk/pædagogiske og teoretiske elementer fordelt nogenlunde ligeligt; mens den friere forudsætter den studerendes egne valg af studieemner, med overvægt af de historisk-teoretiske og med et stærkere indslag af selvstudium.

Hvad man egentlig har tænkt sig med sit studium burde flere nybegyndende studerende vist i det hele taget gøre sig noget mere klart. I den forbindelse kan det næppe siges indtrængende nok, at overgangen til universitetet bør følges op af en indstilling i retning af en ny form for identitet, hvor det blandt andet (udover de vante sociale normer og vaner, der måske nok kan trænge til at blive taget op til revision) kommer an på, så hurtigt og så afgørende som muligt at slippe den almindelige forestilling, som endnu var gangbar i skolen, at uddannelsen grundlæggende på forhånd er lagt til rette for én, både i stort og i småt.

Mod dette råd kan man selvfølgelig indvende at også universitetet med tiden er blevet underlagt mere skoleprægede normer. Men dette halvtriste faktum kan netop give anledning til at indrette nogle "reservater" til friere og eventuelt intensiverede studieformer, ikke mindst for studerende der fornemmer at de gerne vil, og selv også er i stand til at varetage en større del af styringen. Her må læsegrupper og forskellige mentorordninger hjælpe til. De er jo også væsentlige i det generelle ærinde: at forøge undervisningens effektivitet (målt på at studiets prøver bliver taget 'til tiden') – en tilsyneladende stadigt vigtigere sag både for det finansierende samfund og for universitetets indtjening (taxameter-afregningen). Men navnlig er det god servicering af de studerende.

Tidligere tiders tilløb til faglige skoledannelser omkring bestemte universitetslærere med deres *elever* (i "ophøjet" forstand, ikke i en skolemæssig betydning), som deltagerne efterhånden kunne blive, må nærmest afskrives som en praktisk mulighed i dag – med enkelte undtagelser i form af særlige centre hvor forskning er hovedsagen. Men de var undertiden yderst produktive, hvad et paradeeksempel som 'Københavnerskolen' viser; frem for alt den mest berømte af slagsen, dén i teoretisk fysik, under Niels Bohr. Men der fandtes også andre: i humanistiske fag som lingvistik (Louis Hjelmslev) og byzantinistik (Carsten Høeg). Den sidstnævnte havde i øvrigt nær berøring også med et enkelt arbejdsområde inden for musikvidenskaben: palæografi.

Et andet reservat-lignende element *er* dog en realitet: *Studium generale*-kurset, der skal indføre de studerende i universitetets idé og historie, og i nogle af de grundlæggende principper for opfattelsen af hvad viden er, og for den produktionsform som man kalder videnskabelig. Desværre blev der nogle år efter oprettelsen af denne aarhusianske afløser af faget Videnskabsteori gjort et større indhug i den undervisning, kurset fra starten af rummede. Hvor meget af ideen med det oprindelige, mere *alment* tænkte projekt, der under de reducerede betingelser kan give afkast i et videnskabeligt skolingsperspektiv, vil – udover underviserens rolle – dels afhænge af de studerende selv, dels af hvordan fagstudiet overhovedet er udformet og sammensat.

Magisterkonferensens bortfald har, uden nogen *light*-udgave som erstatning, betydet en forringelse for faget. Den særlige, historisk betingede danske fagidentitet, med dens væsentligste målretning mod gymnasieskolen – og nu, aktuelt, også mod det private arbejdsmarked –, magter ikke længere at holde realiteterne på niveau med det ideal faget stadig påberåber sig: som et på samme tid musikformidlende og videnskabeligt forankret studium. Udstykningen i årenes løb i form af forskellige, intensiverede studieprogrammer, i pædagogisk henseende og ligeledes i andre arbejdsmarkeds-bestemte retninger, er en realitet. En videre omstrukturering af faget, som i dag stort set mangler et eksplicit forskningsperspektiv på bachelor- og kandidatniveau, måtte være en logisk fortsættelse. Derfor også min plæderen for et supplement af de nuværende studieretninger: en friere uddannelse med et stærkere videnskabeligt sigte.

2 · Hvad er musikvidenskab?

SPØRGSMÅLET i overskriften er at forstå som led i en indkredsning, ikke som et bud på en definition. Og det er ikke så trivielt som det måske kan lyde. Det véd enhver musikforsker der i selskabslivet har skullet svare en ikke-fagkyndig på spørgsmålet, hvad man bestiller. For så lyder det næste spørgsmål nemlig altid: "Og hvilket instrument spiller du så?".[12]

Det er sært, så indgroet denne forestilling er blandt folk. Eller rettere, at just musikvidenskab er et ord der vækker så forkerte forestillinger. For hvem mener vel at en kunsthistoriker nødvendigvis selv maler, eller at en litteraturforsker skriver romaner, noveller eller digte?

Et faktum er at man strengt taget ikke behøver at kunne *spille* noget som helst. Selv om det jo da er en stor fordel at have praktiske færdigheder, så man i det mindste kan begå sig på et klaver. Det må betragtes som en *næsten* lige så stor selvfølge som det modsatte gælder: at

---

[12] Dette er åbenbart en ret almindelig erfaring; jeg har i hvert fald fundet det selv samme noteret hos mine kolleger John Bergsagel og Ulrich Konrad.

musikforskerens bestilling består i noget helt andet end at være instrumentalist, sanger eller dirigent.

For trods det at der er (og især har været) tradition for at et regulært musikermæssigt niveau indgår i musikforskerens kvalifikationer, er det en anden kapacitet der skal nævnes blandt de absolutte forudsætninger for at studere og drive musikvidenskab: *musikalitet*, og dét i udpræget grad (se nærmere s. 56). Ingmar Bengtsson (som *nota bene* også var pianist/cembalist) har skrevet følgende om musikforskeren "som musiker":

> Han læser nodebilledet på delvis helt andre måder end f.eks. orkesterdirigenten, men i begges fantasi må det dog omsættes til et levende kunstværk. Og denne indlevelse [den videnskabelige], der er beslægtet med den reproducerende kunstners, sætter forskerens skarpsindighed på nye prøver, idet han indimellem må søge de adækvate sproglige formuleringer og nuancer for sine iagttagelser på et delvis uopdyrket felt mellem tekniske termer og suggestive metaforer.
>
> Det er evnen til denne art indlevelse man kan betegne som den vigtigste komponent i den fremtidige musikforskers musikalske udrustning eller 'musikalitet'. *Findes* den, så er graden af rent praktisk-musikalske færdigheder faktisk af underordnet betydning – for hvilken garanti giver sådanne færdigheder i og for sig for en fordybet musikalitet?[13]

Meget pragmatisk, men noget hovedløst, kan man definere musikvidenskab så kontant som at det er dét der læres og bedrives ved en musikvidenskabelig institution, typisk på et universitet. Men dette oplyser jo lige så lidt som sagen forklares ved at opløse det sammensatte ord i dets komponenter. At det altså er videnskab om musik. Begge dele er kun en henvisning af formel art.

Desuden kan videnskab tilegnes og udøves uafhængigt

---

[13] I. Bengtsson: "Den svenska musikforskningens aktuella läge och uppgifter", i: *Svensk tidskrift för musikforskning* 1959, s. 144. (Min oversættelse.)

af højere læreanstalter, hvis man da har evner og i øvrigt praktisk mulighed for det. Sådan var det i vidt omfang tilfældet før i tiden (i England endda et godt stykke ind i det 20. århundrede). Omvendt kan den videnskabelige andel, hvad universitetets uddannelse angår, være temmelig begrænset i forhold til andre sider af faget, der nok i høj grad har med musik at gøre, men som ikke rummer nogen helt afgørende *videnskabelig* dimension eller et dertil svarende sigte. Sådan som det i nogen grad er tilfældet med indretningen af Musik som universitetsfag i Danmark.

Musikvidenskab må altså i første række forstås som en aktivitet der især kendetegnes ud fra den sidste del af ordet. Og det stiller derfor nogle spørgsmål om hvilke kriterier der må være opfyldt, for at man under denne synsvinkel vil tale om musikvidenskab, og af hvad art disse kriterier er.

Der skal her i første omgang forsøges en afgrænsning, men dog én der ikke er snævrere end at begrebet musikvidenskab beholder en betydelig spændvidde. Man må vare sig for at monopolisere bestemmelsen af faget til fordel for en bestemt interessesfære.

Allerførst skal jeg lægge afstand til enhver forestilling om en enhedsvidenskabelig opfattelse. Hvad videnskab er i generel forstand, og det vil sige: hvad der i erkendelsesteoretisk forstand gør noget til videnskab, kan der ikke gives nogle absolutte regler eller forskrifter for; selv om det har været forsøgt, især inden for den såkaldte logiske positivisme (alias logisk empirisme), en videnskabsteoretisk retning der var virksom navnlig i tiden mellem de to verdenskrige. Men dette projekt mislykkedes, selv i forhold til de mere eksakte videnskaber; det strandede på selve de teoretiske sætningers alt for strengt opstillede grundregler. Desuden var det allerede inden da blevet fremhævet, ikke mindst af tyske nykantianere (Wilhelm Windelband, Heinrich Rickert) at grundlaget og betingelserne for såkaldt eksakt (læs: natur-) videnskab og humanistisk videnskab afviger fra hinanden i høj grad, lige som deres respektive selvforståelser og deres formål (ekspliciterede eller ej) altid vil være forskellige. Det indvirker også på deres metoder og, hvis de har ekspliciteret en sådan: deres metodologi (metodelære). Og i denne sammenhæng henviser de sidstnævnte forklaringer til hinanden, i en proces der er af *pragmatisk* konsoliderende art: Begge typer kan på det grundlag med god samvittighed opretholde betegnelsen videnskab. (Mere herom i kapitel 7.)

Det næste jeg vil understrege er at en bestemmelse af det videnskabelige aspekt af faget ikke forudsætter nogen definition eller afgrænsning af dets genstandsfelt. De fleste af de foreliggende bøger af typen "Indføring i musikvidenskab" har ganske vist til indledning en diskussion af selve begrebet *musik* (uden nødvendigvis at gøre det særlig klart for læseren, hvilken saglig betydning en sådan indkredsning har). En mening dermed kan umiddelbart bestå i at afgrænse musikkens begrebslige domæne i modsætning til andre lydlige fænomener, som udgangspunkt for beskrivelsen af en videnskabelig omgang med musik.

Når denne diskussion nu til dags bliver rejst som en væsentligt ment forudsætning, ligger der dog sikkert et andet hovedformål bag: at søge de samlede *aspekter* af fænomenet musik indkredset i praktisk, virkelighedsnær forstand, sådan som situationen tager sig ud fra forfatterens/forfatternes syn på musikkens omfang, forstået bredt omfattende. Og i betydningen: som legitime, hvis ikke endda forpligtende domæner for musikvidenskabeligt arbejde. Her bliver muligvis den givne aktuelle situation, som den tegner sig i lyset af fremherskende tendenser (og eventuelle modestrømninger), postuleret ukritisk, eller den er camoufleret som "uomgængelige" faktorer, underforståede *grundvilkår,* f.eks. den moderne mediesituations enorme betydning.[14]

Som et andet overordnet regulativ for musikvidenskab ses i dag også musikkens efterhånden globale ud- og indstråling. Således i den bog der netop er henvist til, og i den bredest tænkelige anskuelse: som en universel menneskelig udtryksmåde og aktivitet, og dermed som en ytringsform eller (sagt mere moderne:) kommunikationsform, der fortjener en lige høj grad af opmærksomhed uanset musikkens fremtrædelses- og funktionsmåder: som kunst, som underholdning, som funktionelt element i arbejde, riter og kultus, eller som medium for identitetsdannelse. Legitimeringen heraf finder man i en stadigt mere udbredt bevidsthed om, at alle den globale mangfoldigheds konkrete former har effekt i vores egen lille del af verden.

Derfor endnu engang: det er ikke så meget musikken selv som det er komponenten videnskab der kræver nøjere bestemmelse, i sammenhæng med det givne forskningsmateriale, 'musik'. Og hvad dette faglige grundlag angår, kan man afgøre sagen i korthed – igen ud fra en pragmatisk betragtning – og sige at alt hvad folk i almindelighed anser for musik, og især at alt hvad en snævrere, fagforstandig kreds kan forstå herved, kan gøres til genstand for musikvidenskab. Derimod er det

---

[14] Et godt eksempel på et sådant grundlagsprogram er givet med H. Bruhn og H. Rösing (Hrsg.): *Musikwissenschaft. Ein Grundkurs.* Reinbek b. Hamburg 1998. Se her kapitel I: "Was ist Musik?".

mere end tvivlsomt om dette alt sammen kan rummes inden for en musikvidenskabelig *uddannelse*. Men foreløbig vil vi holde os til det generelle.

Der er i grunden intet nyt i denne liberalitet: den enorme udvidelse af det musikalske felt, som man navnlig har kunnet registrere inden for de seneste 100 år – med masseudbredelsen af populærmusik, diverse eksotiske typer af musik og *cross-over*-fænomener – og som alt sammen betegnende nok har affødt et begreb som *world music*, understreger i en sum det rimelige i en sådan bred udmåling af fagets terræn.

Det er derimod ikke det mediemæssigt udbredte og mere omfattende musikalske repertoire *i sig selv* der har bevirket denne udvidelse af det førhen eksklusivt afgrænsede videnskabeligt domæne. Det optrådte allerede i den tidligste samlede model i nutidig forstand for fagområdet: Guido Adlers grundlagsskitse fra 1885.[15]

I dén indgår nemlig som konstituenter også folkemusik, både europæisk og ikke-europæisk; de danner dér en undergruppe (dog med helt sekundær vægt): musiketnologi, af Adler kaldet 'sammenlignende musikvidenskab'. I senere beskrivelser af faget, set som system, bliver disse tidligere mere perifert stående musikalske udtryksformer opnormeret, i takt med at de i praksis får sig placeret i stadig højere grad sideordnet med de førhen næsten enerådende forskningsobjekter: de skriftligt overleverede kunstværker fra den europæiske musik (helt frem til den givne nutid). Men det er en anden historie.

---

[15] G. Adler "Umfang, Methode und Ziel der Musikwissenschaft" in: *Vierteljahrsschrift für Musikwissenschaft*, Bd. 1 (1885), s. 5-20. (Engelsk oversættelse i uddrag in: B. Bujic (ed.): *Music in European Thought: 1851-1912*. Cambridge 1988.)

På baggrund af det der indtil nu er blevet sagt skal begrebet musikvidenskab altså bestemmes væsentligst ud fra det andet led i det sammensatte ord. Og dette leder frem til en praktisk betonet afgrænsningsmulighed, nemlig at forklare den videnskabelige omgang med musik ud fra nogle bestemte måder at forholde sig til musik – studerende, undersøgende og reflekterende.[16] For musikvidenskab er, lige som andre videnskaber, ikke mindst en bestemt praksisform, som først og fremmest kendetegnes ved sin produktive status. Det vil sige at den skal resultere i noget, i en synlig og kontrollérbar form. I en vis forstand bliver dette 'noget' først til videnskab på grundlag af håndgribelige resultater.

Forskning skal med andre ord fremlægges offentligt, fortrinsvis for et videnskabeligt forum. Det kan være kendt og velafgrænset for den udøvende, for eksempel et auditorium af fagfolk (eller studerende), men det er oftere helt anonymt og er da typisk internationalt, om end stadig mest en snæver kreds af særligt interesserede; dette afgøres af det forskningsmæssige emnefelt, bidragets særlige position herindenfor, og i nogen grad også af forfatterens status. Men offentlighedskarakteren som sådan er en af de mest afgørende omstændigheder. Man kan også sige, at det er af dén, de mere specifikke krav til videnskaben udspringer; herudfra er dens standarder dannet, både med hensyn til etik og kvalitet. Videnskab skal stille sig frem til diskussion og kritik.

Det bør derfor være en væsentlig motivation for at forsøge sig med et videnskabeligt betonet studium af faget, sådan som det her er forstået – i prægnant betyd-

---

[16] I tilslutning til D. Beard og K. Gloag: *Musicology: The Key Concepts*. London 2005, s. x: "*... musicology, as a process of study, inquiry and reflection*".

ning og ikke blot nominelt –, at man mærker en trang til at arbejde frem imod en deltagelse i produktive former for faglig udveksling og udvikling.

Det behøver ikke at være ens overbevisning fra den første dag. I begyndelsen må studierne selvfølgelig foregå på en mere receptiv basis, samtidig med at man prøver sit engagement i denne alvorlige sag af. Om man har anlæg for sit fag som videnskab, så man på længere sigt vil kunne få en udøvende andel i den, skal nok vise sig efterhånden. Sagen lader sig måske bedst afgøre ud fra to spørgsmål: Dels om lysten til det videnskabelige studium generelt lader sig holde vedlige uden for megen distraktion eller (selv-)overtalelse. Og dels på grundlag af om en kritisk indstilling og bedømmelsesevne vokser med tiden, navnlig i forhold til de områder og spørgsmål man beskæftiger sig mere dybtgående med.

Uden en stærk lyst til en intensiv fordybelse i sit fag, og i sammenhæng hermed et ønske om at træde i et nærmere forhold til det videnskabelige samfund (ikke at forveksle med 'vidensamfundet'), er der ikke megen mening eller udsigt i at betone den forskningsmæssige side af studiet afgørende. Der foreligger jo desuden et helt nærliggende studiemæssigt alternativ, og i Danmark endda ved universitetet: nemlig det som de fleste tilslutter sig, fordi det er mere praksisbetonet i en bredere forstand, ved at inddrage musik på en mere direkte, udøvende måde. Den sidstnævnte form er derfor også et studium der først og fremmest kvalificerer til at aktivere andre mennesker *musikalsk*. Det gælder ikke på samme måde for det musikvidenskabelige.

For at indkredse hvad jeg nærmere mener med denne mere specielle type af musikstudium, må jeg fremføre nogle synspunkter der måske kan virke kontroversielle.

Musikvidenskab er for det første, hvad en stor del af dens traditionelle omfang angår, ikke nogen i sædvanlig forstand samfundsmæssigt *nyttig* virksomhed. Og selv om kvalifikationer af snæver musikvidenskabelig art sagtens kan anvendes eller omsættes, direkte eller indirekte, i forskellige erhvervssammenhænge, så bør det nok ikke være en professionsstrategi der dominerer valget af dette studium – med mindre man da føler sig nogenlunde overbevist om at man har anlæg for og trang til et liv som universitetslærer eller lignende, for eksempel som medarbejder i et forskningsbibliotek. Det må være *faget selv*, nærmere bestemt den særlige måde at beskæftige sig med musik på, som vi kalder videnskabelig, der skal ligge til grund for dette studievalg.

At faget – i hvert fald som jeg her fremstiller det, med hovedvægt på dens traditionelle kerneområder – lever et forholdsvis tilbagetrukket liv, har en karakter som gør at man kan tale om en svag samfundsmæssig status, er måske ikke umiddelbart indlysende; nogle vil endda mene: tværtimod. For musik fylder jo i en vis forstand meget i de fleste nutidige menneskers liv; musik er en ting der omgiver vældigt mange mennesker i en stor del af deres vågne liv. Men på hvad måde? – det er et helt andet spørgsmål.

Blandt andet er det sådan at musik i vore dage kun i mindre grad betragtes som et dannelsesanliggende. Litteratur og teaterkunst, til dels også billedkunst har en langt højere status; det fremgår ikke mindst af de helt forskellige niveauer som de fire kunstarter befinder sig på, når man vurderer dem i lyset af mediernes behandling eller synliggørelse af dem.

Her er der store forskelle at notere. En sammenligning af litteratur-, teater- eller filmkritikkens status i avis- og tidsskriftsektoren med det der præsenteres som musikkritik – 'anmelderi' vil meget ofte være et mere dækkende ord – vil ubarmhjertigt afsløre forholdet. Musik er netop ikke længere i synderlig grad et dannelseselement; den er i stedet, samfundsmæssigt set, blevet til et konsumanliggende. En (ældre) kultur*ræsonnerende* offentlighed (Jürgen Habermas) er afløst af kultur-*konsumerende* del-offentligheder.

Derfor blev den danske *Kulturkanon*, der skulle forestille at tjene et dannelsesformål, uden megen relevans for musikområdet. – Heller ikke for dette. Yderligere ironisk er det at der, stik imod kommissoriets retningslinier, for musikkens vedkommende kom to forskellige, komplette fortegnelser ud af smagsdommernes arbejde – et tegn på at musikken er spaltet i to *forskellige* men tilsyneladende lige kánon-værdige kulturer.[17]

Selv Milan Kundera, for hvem musik spiller en vigtig rolle (i non-fiktions-sammenhæng skriver han dog mest om litteraturens væsen), har ikke formået at hævde musik som kulturelt forholdsvis jævnbyrdigt med litteratur, sådan som ældre kolleger, frem for alle Thomas Mann, formåede det. (En anden nutidig forfatter der er gået uden for sit egentlige gebet er Julian Barnes; han har skrevet indsigtsfuldt om billedkunst.[18])

Men at musikken burde have, og måske også ville være i stand til genvinde, en dannelsesmæssig status på niveau med de andre kunstarters – og derved svarende til at musik formentlig opfylder et mindst lige så stort

---

[17] K.K. Steincke sagde i sin tid: "Dengang vi ingen varer havde, fik vi et varedirektorat. Og nu har vi altså fået et kulturministerium ...". (Nu, hvor vi slet ikke ved hvad vi skal holde os til, har vi ydermere fået en kulturkánon.)

[18] I essaysamlingen *Som jeg ser det*. 2011.

behov i nutidsmenneskers tilværelse som litteratur –, det er en helt anden sag, og det kunne være en væsentlig pointe i argumentationen for en styrkelse af elementet musikvidenskab. Og dermed også af musikformidling på et kvalificeret niveau, med en distance til – for igen at eksemplificere konkret – DRs populistisk "likviderende" servering af og kommentering af musikstoffet.

Det ville heller ikke være nogen dårlig motivering for et sådant studievalg at arbejde for en rehabilitering af musik som finkultur (hvilket ikke behøver at indebære "partiturmusik" alene). Men det vil forudsætte noget som er gået i nogen grad tabt ved fagets tilpasning til den moderne medievirkelighed, og som netop det smallere studium tilstræber: Viden om fænomenet musik, i sammenhæng med refleksion herover, og vel at mærke for musikkens egen skyld, som noget i sig selv. Og selvfølgelig også som udtryksform eller betydningsbærer, men behandlet *ud fra* musikken mere end ud fra den sociale og den mediemæssige sfære.[19]

Dette at studere som et formål alene i sagen selv, og dermed på en vis måde nytteløst – for andet end *livet* –, er muligvis uaktuelt. Men jeg tror stadig på det værdifulde i det. Ganske som Harry Kemelman, den tænksomme amerikanske forfatter af en række detektivromaner med rabbineren David Small som hovedperson,

---

[19] Filosoffen og æstetikteoretikeren Jørgen Dehs stiller sig, som jeg, kritisk til "opløsningen" af den siden 1700-tallet gældende, særlige tradition for en sammenhæng mellem kunst, erkendelse og virkelighedsforståelse. Om dén (op- eller afløsningen) siger han: "I dag er det den socialpolitiske optik, som er ALLESTEDSnærværende, den gennemtrænger universiteterne og alle de kulturelle studier. Det er en optik, der ikke anerkender noget alternativ til sig selv." (Interview i *Weekendavisen*, Kultursektionen, 20.4. 2012, s. 1.)

argumenterer for det i en af sine bøger, når han lader rabbineren og universitetslæreren sige:

> Trangen til viden, og viden for dens egen skyld, er dét der skiller mennesket fra de laverestående dyr. Alle dyr har en interesse i at tilegne sig praktisk viden – om hvor det er bedst at søge efter føde, hvor der er bedst at gemme sig eller holde til for natten –, men det er kun mennesket der gør sig den ulejlighed at forsøge at lære noget, ene og alene fordi det endnu ikke véd noget om det. Menneskets sind higer efter viden – på samme måde som menneskets krop higer efter føde. Og den viden er kun for én selv, ligesom ens føde er det.[20]

Han uddyber det derpå, affødt af en students spørgsmål "Men bør ikke alle former for studier være relevante?":

> Hvorfor det? I frie, humanistiske studier for eksempel, hvad betyder det dér? For, ligegyldig hvad der interesserer én, [...] så er det jo umagen værd at studere det. Vi kan sige det på en anden måde: ved humanistiske studier er alt relevant.

Og dog, naturligvis er ikke alt *lige* relevant, i hvert fald ikke på det konkrete plan, det vil sige når man beskæftiger sig med et givet genstandsområde inden for sit fag. Her vil det vise sig, at uden en kritisk sans – 'kritisk' forstået positivt som et naturligt og nødvendigt element i faglige refleksionsprocesser – bliver det sværere end ellers, måske ligefrem umuligt, at orientere sig præcist i sin søgen mod meningsfulde, og strukturerede, videnssammenhænge.

Som situationen stiller sig i dag er forestillingen om værdineutralitet i bred forstand blevet opgivet helt og holdent. Det er alment erkendt at der altid vil være værdier med i spillet, også i videnskab der foregiver eller bestræber sig på at være så vidt mulig objektiv – bed-

---

[20] H. Kemelman: *Tirsdag så rabbineren rødt.* København 1974, s. 256.

re: troværdig. Til gengæld har der indsneget sig en ny form for vilkårlighed, nemlig forestillingen om at alle kulturelle manifestationer i princippet er ligeværdige, evt. i den forstand at de er usammenlignelige. Alt er for så vidt blevet *okay*, nemlig for bestemte grupper eller individer. Men i så fald tenderer videnskaben om musik imod en sociologisk, registrerende praksis og standard, og data og deres statistiske behandling får overtaget over æstetisk beskrivelse, analyse, tolkning og vurdering.

Selvfølgelig vil en svag eller manglende kritisk (og selvkritisk) sans sagtens kunne gå hånd i hånd med stor og synlig motivation, i de situationer hvor videnskab skal fremlægges. Men mere afgørende er i den forbindelse, hvorvidt den forskning, der her er tale om, har sit uundværlige salt. Hermed berøres problemet med en del ubekymret eller ligegyldig videnskab. Den snarere modsatte, men heldigvis sjældnere situation, hvor forskerens akilleshæl er en så at sige alt for stærk selvkritik, er en negativ faktor af en helt anden og mere tragisk art.

Det andet hovedmoment til bestemmelse af musikvidenskab som praksisform: musikken, vil jeg belyse ud fra nogle forhold der har med fagets egen struktur at gøre. En oversigt i skemaform med tilhørende beskrivelse lader sig vist ikke længere opstille på forsvarlig måde. Guido Adler udarbejdede som den første en sådan (herom i kapitel 4), og siden har andre forsøgt sig med forskellige ajourføringer i form af lignende, mere eller mindre overskuelige modeller med tilhørende forklaringer.[21]

[21] Se eksempler herpå i Ingmar Bengtssons *Musikvetenskap* (jf. fn. 1), s. 81-84.

Musikvidenskab af i dag består i en sideordning og en delvis sammenføjning af forskellige felter eller discipliner inden for et samlet, eller måske snarere fragmenteret fagområde. Man kan givetvis hævde at faget har en betydeligt mere kompleks struktur end for eksempel de beslægtede fag litteratur- eller kunsthistorie. Til belæg for påstanden kan tjene, som ét eksempel blandt flere, at udførelsen af musikvidenskabeligt arbejde også fordrer nogle "håndværksmæssige" kvalifikationer, såvel af satsmæssig (harmonisk, kontrapunktisk) art som af musikermæssig art (instrumentalt og gehørsmæssigt). En musikvidenskabelig uddannelse rummer, selv i sin specialiserede, forskningsrettede form, en hel del flere discipliner end litteratur- eller kunsthistorie/kunstvidenskab.

Det er ret hårde betingelser, og de er ikke engang den største udfordring ved faget, for dén består i musikkens ikke-begrebslige væsen og vanskelighederne med at "forklare" den ud fra dens særlige form: udstrakt i tid og dertil ikke-referentiel i semantisk forstand. Musikstudiet og musikvidenskabelig undervisning må gå ud på at tilvejebringe detaljerede kundskaber om centrale områder af fænomenet musik. Og desuden, på et højere plan, at udvikle kendskab til forskellige faglige – og fagovergribende – betragtningsmåder, det vil sige et ikke for snævert udvalg af teorier der kan danne grundlag for og bane veje til erkendelse, i generel og mere specialiseret form. Med andre ord også orientering inden for *epistemologi* (erkendelsesteori) og *heuristik* (praktisk metodologi). Nærmere herom i kapitel 7.

Dette fører samtidig til en understregning af, at noget der blot nærmer sig en samlet forståelse af faget som et strukturelt hele, kan det ikke for alvor nytte at stræbe efter. Også for musikvidenskaben er den tid for længst forbi hvor faget – i undtagelsestilfælde! – lod sig beherske eller blot overskue totalt eller i en bredere udstrækning, hvad enten af en enkeltperson eller af en gruppe af lærere og ihærdige studenter ved en institution. I begge sammenhænge, men måske navnlig i sidstnævnte, var det vel endda, i så fald, højst i form af en pragmatisk sammentømret fagbygning, designet ud fra et enkelt eller nogle få bestemte forskningsprogrammer.

Alligevel er det en naturlig forventning at en videnskabeligt skolet person er velorienteret enten inden for et bredt område eller – meget mere realistisk – på flere afgrænsede felter. Nødvendigt, eller i hvert fald stærkt ønskeligt, er en sagkundskab der ikke bare udmønter sig i dybden, men også i bredden. En specialisering bør ikke ske på bekostning af et aktivt, personligt tilegnet kendskab til flere og helst forskellige dele af fagets samlede område.

Men med forskeruddannelsen af i dag, og ikke mindst med den musikvidenskabelige, er der desværre tale om at man for det meste må give afkald i ret betydelig grad på dette punkt. Det skyldes studiets indretning navnlig på de grundlæggende niveauer. Derfor er det et tilbageskridt at magisterstudiet har måttet falde for Bolognanormens enhedsmodel: BA, MA og ph.d. Og alligevel: i rent tidsmæssig dimensionering ville der ikke skulle så meget andet til, for at et mag.art.-niveau lod sig opretholde, end valgmuligheden: et *enkeltfagligt* bachelormodul samt en fagmæssig omfordeling, ved reduktion inden for de praktisk-musikalske discipliner. En "indsnævring" der gerne kunne kompenseres også gennem et vist obligatorisk tværfagligt indhold.

3 · Forudsætninger for studiet

EFTER DET FOREGÅENDE kapitels skitsering af nogle karakteristikker af begrebet musikvidenskab i en første, mere generel forstand, skal det nu gælde nogle spørgsmål af meget praktisk karakter. Et bestemt træk skal dog forestille at gå videre fra det foregående, nemlig hensynet til at læseren – her mere eksklusivt forstået som en studerende der overvejer faget musikvidenskab som en seriøst ment mulighed[22] – kan prøve sine forudsætninger af i forhold til fagets krav på længere sigt.

(1) Et kriterium, der efter enhver bedømmelsesnorm bør være opfyldt som udgangspunkt for et meningsfuldt musikvidenskabeligt studium, er: interesse for klassisk vestlig musik. Med et vist kendskab til eller i hvert fald en sans for noget fra den "før-moderne" tid ('moderne' i ordets brede betydning: efter ca. 1600), undertiden benævnt 'historisk musik'. Desuden naturligvis *musikalitet* som specifik begavelse, dvs. musikalsk hukommelse, et nogenlunde velfungerende gehør, intonationssikkerhed og god rytmesans. (Men repetér endelig også, til supplement heraf, Bengtsson-citatet på s. 42.)

Dette "absolutte" kriterie-sæt er valgt af tre grunde.

For det første for at understrege at dette studium, lige som ethvert andet humanvidenskabeligt, stiller ubetingede krav om at forholde sig til og beskæftige sig, også aktivt, med en videre – langt videre – historisk ramme end den der er begrænset til nutiden.

For det andet for at tilkendegive, mere rent personligt

---

22 Med musikvidenskab menes her også et dansk "normalstudium" hvorefter den studerende tænker på senere at specialisere sig inden for forskning (et ph.d.-forløb el.lign.).

(men hvad de fleste musikforskere dog stadig vil skrive under på), at musikvidenskabens centrale område uden nævneværdig diskussion er den vestlige musikkulturs kunstneriske frembringelser i bredt format. Og at det er med centrum i denne kunst, vi i den vestlige verden gennem mere end 100 år har bygget en grundlæggende musikvidenskabelig skoling op.

Og endelig for at stille den musikalske *fascination* i forreste række. Sagt med de behjertede ord fra Grundtvigs sang *Nu skal det åbenbares*: "... han har aldrig levet / som klog på det er blevet / han først ej havde kær." Ord som næsten går igen i et vers der findes indrammet på Aarhus-instituttet, og som er digtet af dets første professor, Knud Jeppesen: "At ingen her må indgang få, / som ikke har musikken kær, / at ingen må gå ud herfra, / som ikke kom den mere nær."

(2) En anden, helt elementær grundforudsætning er at man er i stand til at tyde musikkens skrevne "normaltekster": at man kan læse noder.[23] Denne færdighed går sædvanligvis hånd i hånd med praktiske musikalske kompetencer: at man kan spille et eller flere instrumenter og at man kan synge, altsammen også efter noder. Beherskelsen af en klaversats, altså af musik noteret på to systemer i hhv. diskant- og basnøgle, vil være en tilstrækkelig forudsætning for at påbegynde studiet. Siden hen bliver det nødvendigt at optræne færdighed i at kunne orientere sig i – dvs. aflæse – større stemme-

[23] Det er blevet hævdet at det nu skulle være reelt muligt at studere musik ved universitetet (i Aarhus) uden at kunne læse noder. Denne misforståelse bunder i at der (i skrivende stund) gives enkelte kurser i hvilke også "node-analfabeter" kan deltage. Det drejer sig dog kun om specielle forløb, hvori musik alene optræder som en specifik foreteelse set i en overordnet medie- hhv. samfunds/kultur-kontekst.

komplekser i partiturform, inklusive flere forskellige nøgler, hhv. transponeringer.

(3) Bemærk hvor mange specielt anvendte "musikord" der blev brugt i sidste tekstafsnit: *klaversats, system, diskant, bas, nøgle, partitur, transponering.* — Musik lader jo ikke beskrive essentielt som udsagn af semantisk karakter; men til nød i narrative termer, og helt sikkert i diskursive. Ellers ville der slet ikke findes en videnskab om musik. Derfor er musikalsk *terminologi* et enormt righoldigt felt, stadigt videre udviklet gennem den videnskabelige omgang med musik. Vi har gennem fagsproget formaliseret denne i sig selv mest formale kunst. Og til visse tider – især hvor formalistiske eller strukturelle betragtningsmåder har stået i høj kurs – har man fra andre humanvidenskabers side misundt musikforskningen dens omfattende og detaljerede terminologiske apparat.[24]

Det er ingen betingelse for at begynde et musikvidenskabeligt studium at man råder over et mindstekendskab til musikalsk terminologi. Men man må fra begyndelsen af studiet være indstillet på at tilegne sig og efterhånden beherske dette terminologiske apparat – af en størrelse der måske kan nærme sig det som et medicinstudium indebærer. Det handler om den rent faglige terminologi foruden om en del alment-videnskabelig (videnskabsteoretisk). Og nogle af alle de mange fagudtryk vil have forskellig betydning til forskellige tider; derfor handler det også om at kunne anvende dem med præcision. En dagligsproglig (og forkert) praksis kan spille begynderen

[24] Jeg henviser til den encyklopædisk omfangsrige, stadig ikke fuldførte *Handwörterbuch der musikalischen Terminologie.* Wiesbaden/Stuttgart 1972 ff.

mangt et puds: for eksempel bruger mange studerende i dag begrebet 'genre' i en ukorrekt betydning: især inden for populærmusik nærmest synonymt med 'stil' eller stilart; mindst ukorrekt som: genre*type*.

(4) Endelig lidt om læsefærdighed. Musikvidenskab er, med al hensyntagen til studiet af noder, klingende musik og praktisk musikudøvelse, et udpræget bogligt studiefelt.[25] Og en anden ting: disciplinen er klart internationalt betonet – musik er et grænseovergribende fænomen. Så meget at dansk musikforskning til næsten enhver tid har beskæftiget sig mindre med den hjemlige musik end med udvalgte internationale emneområder. (Det forholder sig ikke på samme måde inden for svensk eller norsk musikforskning.)

Uanset det snævrere eller bredere geografiske perspektiv i den kommende musikforskers forestilling om hans/hendes fremtidige virke, stiller uddannelsen krav om bogligt volumen også i international forstand. Med andre ord: tilegnelse af litteratur også – og især – på hovedsprogene, og i hvert fald på tysk og engelsk. Også for forskning i dansk musik gælder det, desuden, at der består sammenhænge med udenlandske forhold, både konkret musikalsk og forskningsmæssigt. Der er udenlandske forskere der behandler *danske* emner (på deres eget hovedsprog), og der er forsknings*traditioner* som er knyttet til lande uden for Danmark. Tidligere navnlig en tysk tradition; nu mindst lige så meget en engelsk.

---

[25] De svenske studieordninger fra 1960'erne specificerede bare for grunduddannelsens vedkommende et litteraturpensum på hhv. ca. 11.200 sider (Uppsala) og – nok mere realistisk – Stockholm: ca. 7.400 sider. (M. Tegen: *Musikvetenskapliga institutionen vid Stockholms universitet. Historik 1956-1984*. Stockholm 1986, s. 12.)

Og læsningen skal tilmed ske med *forståelse* som resultat. Faglitteratur skal indarbejdes og "fordøjes", den skal diskuteres og måske endda anvendes i ens egen begyndende forskning i studietiden.

Så der er ingen vej udenom al den væsentlige litteratur som foreligger alene på tysk. Trods en del oversættelser til engelsk gennem de sidste 30-40 år omfatter denne moderne "service" mest Carl Dahlhaus' (1928-1989) monografier og Theodor W. Adornos (1903-1969) musikfilosofiske skrifter, altså en ganske lille brøkdel af hvad der er produceret af væsentligt stof.

Fransk er det noget mindre nødvendigt at beherske, eftersom fransk musikvidenskab byder på langt mindre af både pondus og indflydelse (dominans) end tysk og, i nyere tid lige så fremtrædende: engelsk og amerikansk forskning. Men beskæftiger man sig med et fransk emne, vil man med sikkerhed gå glip af megen information, hvis det franske sprog er lukket land for én. Det samme kan siges om italiensk, hvor manglende læsefærdighed især vil betyde et handicap i den elementære tilegnelse af et enormt italiensk-sproget operarepertoire gennem mere end 300 år. I skønsomt udvalg, forstås; men det inkluderer også hovedparten af Mozarts operaer (samt Händels og flere andre tyske komponisters).

Læsefærdighed på fremmedsprogligt terræn (svensk måske heller ikke at forglemme) kan man indhente med en vis flid, selv efter skoletidens fravalg eller forsømmelser. Man skaffer sig den allerbedst ved regelmæssigt at give sig i kast med ikke-danske faglige tekster, som en så vidt muligt daglig rutine i studiet. Denne træning tjener helt indlysende et dobbelt formål. Så skønlitteratur behøver man ikke at nægte sig af den grund.

4 · Systematiseringer af musikvidenskab

DEN MEST ALMINDELIGE strukturering på et overordnet niveau af dette sagsområde – men måske ikke den klareste – er stadig, mere end 125 år efter at den blev lanceret[26], dén der er udtrykt i betegnelserne *historisk* og *systematisk* musikvidenskab. Den eksisterer ganske vist kun få steder som en faktisk (dvs. synlig og rimeligt proportioneret) fagfordeling på uddannelsesinstitutionerne; og som praktisk realitet er det mest inden for den tyske fagtradition.[27] Derfor skal der her heller ikke gøres for meget ud af sagen, men kun tages afsæt i den principielle forskel der består mellem de to arter.

Som Guido Adler (1855-1941) beskrev forholdet mellem de to hovedafdelinger, som fagvidenskaben ifølge ham rummer, er der tale om en meget stærk betoning af den *historiske* dimension. Musikforskning, som Adler betragtede den, var i udgangspunktet en filologisk disciplin: med fremdragelse, ordning og vurdering (*eventuelt* fortolkning) af historiske kilder eller dokumenter som de væsentligste procedurer. I tilknytning hertil, og som noget nyt i forhold til tidligere arbejdsmåder, beskrev han den videnskabelige opgave som et klassifikatorisk

[26] Guido Adler (1885, jf. fn. 15). – Artiklen bør være obligatorisk læsning, men også som et eksempel på at et tidløst-berømt dokument kan fremstå mærkeligt selvsikkert og, med sin vildtvoksende metaforik og sit lignelsessprog, med prætentioner der ikke heltigennem lader sig undskylde som tidsbundne. Jf. dér s. 17-18 om en kunstvidenskabs relation til samtidig kunstproduktion.

[27] Der er, eller har været, afdelinger for systematisk musikvidenskab ved universitetsinstitutterne i Wien, Berlin, Köln og Hamburg.

arbejde på et værkanalytisk, mere end et kulturhistorisk grundlag. Og navnlig skulle personalhistoriske momenter kun tildeles en sekundær betydning, hvor før de biografiske aspekter havde spillet en afgørende rolle i den musikhistoriske litteratur.

Andre, mere specielle synsvinkler åbnede sig, ud fra hans optik, imod en *systematisk* ordning af data og observationer: en ordning baseret på universelle, eller snarere mere almene aspekter af fænomenet musik. Det gjaldt for eksempel hvad angår musik som akustisk og som hørefysiologisk emnefelt; heraf udsprang også en musikpsykologi som et systematisk fagelement. I sådanne sammenhænge lod det sig bedre gøre så at sige at indløse et strengere videnskabeligt krav på kortere sigt. Det blev bestyrket af at der allerede var frembragt funderede undersøgelser af en sådan art.[28]

Til det systematisk bearbejdelige felt regnede Adler endvidere musikæstetik og musik som didaktisk virksomhed: musikpædagogik og -teori i undervisningsøjemed. Men for eksempel ikke – som det siden har været almindeligt – musik som funktionel faktor i sociale sammenhænge, dvs. musiksociologi.

Endelig gjaldt det andre, dvs. "fremmede" kulturers musik. Men her, karakteristisk nok, ikke forstået som noget der skulle betragtes som *historiske* fænomener, og heller ikke i så høj grad som nu til dags i dens specifikke sociokulturelle samspil og egenart, men i en "sammenligning", f.eks. (også) med europæisk folkemusik: under tonale, rytmiske, klanglige og formale aspekter. Hvad vi i dag kalder musiketnologi (eller *etnomusiko-*

---

[28] Ikke mindst med Hermann von Helmholtz' *Die Lehre von den Tonempfindungen als physiologische Grundlage für die Theorie der Musik.* Braunschweig 1863.

logi) er i Adlers skema betegnet *Musikologie.*[29] (Betegnelsen må ikke forveksles med den engelske: *musicology*, der slet og ret betyder musikvidenskab.[30]

Opdelingen af det musikvidenskabelige terræn ud fra Adlers model er endnu, med visse reservationer, anerkendt, til dels også i praksis; i særdeleshed gælder det for fagets indretning på Wiens Universitet, altså på Adlers egen institution i sin tid.[31] På den ene side mængden af musikhistorisk forskning og behandling af (altovervejende vesterlandske) musikværker gennem en filologisk granskning, klassificering og analyse. På den anden side en vifte af, hvad man med en smule distance har kaldt 'bindestregs-discipliner': musiketnologi, -sociologi, -psykologi, -pædagogik og -teori; den sidstnævnte disciplin at forstå i ordets oprindelige betydning: som

---

[29] "*Musikologie*: Undersøgelse og sammenligning til etnografiske formål" (Adler, jf. fn. 15).

[30] I amerikaneren Joseph Kermans tidligere meget læste, fagdiskuterende *Contemplating Music. Challenges to Musicology*. Boston 1985 anvendes ordet *musicology* dog også, noget usædvanligt, som særbetegnelse for 'historisk musikvidenskab' (i kontrast til *theory and analysis* og *ethnomusicology*). Den engelske udgave af bogen fik da også en anden titel, nemlig slet og ret: *Musicology*.

[31] Det interne forhold mellem 'systematisk' og 'sammenlignende' musikvidenskab kan undertiden virke forvirrende. Således skriver Franz Födermayr som repræsentant for "systematikerne", at en opsplitning af 'sammenlignende musikvidenskab' i musiketnologi og systematisk musikvidenskab (musikalsk grundlagsforskning) gør sig tydeligt gældende efter midten af det 20. århundrede, men at denne spaltning ikke har slået igennem ved instituttet i Wien, hvor man opererer med en "*vergleichend-systematische Musikwissenschaft*", altså stadig temmelig nøje i overensstemmelse med Adlers udkast. (F. Födermayr: "Interdisziplinär und nicht-aufgespalten. Vergleichende Musikwissenschaft", in: *Österreichische Musikzeitschrift* 1998, Heft 10, s. 20 (-23)).

fundamentalerkendelse når det handler om musik som klingende fænomen.

Men i opdelingen i en historisk og en systematisk kategori synes der også at gemme sig en anden skelnen, hvis rækkevidde næppe fremgår helt klart af Adlers skematiske beskrivelse.

Det er nemlig et spørgsmål, om der i Adlers forståelse af det systematiske aspekt ikke ligger en tanke om en progression i det videnskabelige arbejde. Den indebærer i givet fald følgende trin: en oparbejdelse af resultater på det *historiske* plan som den første del af den "normalvidenskabelige" arbejdsproces – den ydelse som Adler uden tvivl anså som den vigtigste og langt den fyldigste. Men samtidig kun som et *foreløbigt* resultat. Derved nemlig, at hans beskrivelse synes at forudsætte en opfølgning af denne forskningsproces i form af en *systematisk* bearbejdning. Ud fra en sådan tankegang er det en pointe, at først ved at blive sat ind i en sammenhæng som rækker ud over hvad der rummes inden for den historiske beskrivelse, bliver en undersøgelse ført igennem til et resultat som giver det en "egentlig" videnskabelig status: i kraft af en bearbejdning i generaliseret form, som "lovmæssighed" eller som det mere vidtgående begreb *teori*.

Det er dog uvist om dette var hans faktiske opfattelse. Systematisk' eller 'sammenlignende' musikvidenskab forstår sig imidlertid endnu – som det var en underliggende præmis hos Adler – som orienteret mod andre, især naturvidenskabelige discipliners erkendelsesgrundlag og forskningsprocedurer.

Vi har med denne udlægning af forholdet mellem 'historisk' og 'systematisk' ganske vist (stort set) kun Adlers hovedoverskrift vedrørende den systematiske musikvidenskab at holde os til. Den lyder således:

II. Systematisch. *Aufstellung der in den einzelnen Zweigen der Tonkunst zuhöchst stehenden Gesetze.*[32]

Hvad der desuden kan forstyrre en smule er, at det på dette sted afgørende ord 'love' også er at finde en enkelt gang i specifikationerne af den historiske klasse (under dennes punkt C):

Historische Aufeinanderfolge der Gesetze

1. wie sie in den Kunstwerken je einer Epoche vorliegen [etc.]

Men det er dog i forbindelse med den systematiske del (II) at vi finder de ord som virkelig synes at henvise til en videnskabelig bearbejdning i mere streng forstand: Jf. 'udforskning', 'begrundelse', 'kompleks' og 'lovmæssighed', som alle sammen kun optræder i denne afdeling. Foruden de direkte naturvidenskabeligt prægede discipliner kan de 'systematiske' discipliner i hans fagsystem sammenfattes som: analyse/teori (der omfatter musikalske elementer som harmonik, rytmik og melodik) plus musikæstetik, -pædagogik og -etnologi.

Som det tager sig ud for en nutidig betragtning er der navnlig to forhold vedrørende denne hovedopdeling der

---

[32] Den engelske oversættelse: *"Establishment of dominating principles in the individual branches of music"* betegner nok en svækkelse af Adlers formulering: 'love/lovmæssigheder', men er nok samtidig et noget mere realistisk udtryk for, hvad der foresvævede Adler. Smlg. således med den anden hovedoverskrift: ***I. Historisch.*** *Geschichte der Musik nach Epochen, Völkern, Reichen, Ländern, Gauen, Städten, Kunstschulen, Künstlern.* [History of music according to period, nationality, state, province, region, city, school, composer.] (Ovs. efter B. Bujic (ed.): *Music in European Thought: 1851-1912.* Cambridge 1988.)

virker forældet: For det første selve den skelnen mellem en *idiografisk* og en *nomotetisk* beskrivelse eller bearbejdningsform som man kunne være tilbøjelig til at anlægge[33]: Med 'historisk' mere eller mindre identisk med idiografisk, og 'systematisk' som noget der overvejende betegner nomotetisk sigtende forskning. I dag er der dog næppe mange der, hvis de har holdt sig à jour med videnskabsteoretisk diskurs inden for det humanistiske felt, vil hævde at videnskab i denne sammenhæng har sit væsentligste holdepunkt i nomotetiske eller for den sags skyld andre *objektivitets*søgende ærinder. Musikforskning betragtes, som de øvrige humanistiske videnskaber, i højere grad som forståelse eller tolkning, og i den forstand som byggende på hypoteser: principielt tentative, men underbyggede og empirisk-fornuftigt deducerede forklaringer hhv. forklaringsforsøg.

På den anden side gives der ingen meningsfuld rent idiografisk beskrivelse eller analyse, thi ethvert forskningsemne er forbundet med andre objekter og med omstændigheder eller processer, uden hvilke de ikke lader sig begribe. 'Idiografisk' kan kun forstås som en relativ modsætning til 'nomotetisk', og rent principielt som en anden *attitude* til erkendelsesprocessen.

For det andet er Adlers model sårbar i rent indre forstand, idet hans skelnen mellem historisk betingede (og dertil kontingente) og systematisk foreliggende (quasi universelle) elementer i vidensdannelsen til en vis grad er fiktiv, frem for alt i selve teorien. Uholdbar er for eksempel rubriceringen af harmoniske og tonale fænomener som rent 'systematiske' genstandsområder, for-

[33] Se hertil f.eks. fremstillingen i S. Kjørup: *Menneskevidenskaberne*. Frederiksberg 1996, s. 94 f.

stået prægnant som noget der består og forklares i "logiske" kategorier, dvs. som uafhængige af historiske praktikker – noget de netop ikke er. Og ligeledes er systematikken i en disciplin som tonekunstens æstetik et "quasi-system" der, som Carl Dahlhaus har påpeget, er helt igennem identisk med æstetikkens egen historiske udvikling, hvilket vil sige at "systemet" består i selve den æstetiske diskurs med dennes yderst omskiftelige forløb.

Det er altså (for længst) nærliggende at søge en anden hovedopdeling: en noget mindre "systematisk", måske snarere "dekonstruerende" tvedeling. Den bør, hvis den skal være mere tidssvarende, gå på tværs eller diagonalt i forhold til begreberne historisk og systematisk musikvidenskab. En nærliggende mulighed vil være at skelne mellem overordnede forsknings*interesser*, og i den forbindelse måske først og fremmest præferencer, der fordeler sig i forhold til

– Musik betragtet som primært æstetisk frembringelse (f.o.fr. som kunst, eller som "indre liv": kultur).

Og/eller

– Musik betragtet som medium for socio-kulturelle grupperinger, normer og aktiviteter.

Når jeg plæderer for et helt anderledes afsæt som dette, skyldes det også at flere af de 'systematiske' discipliner med tiden er rykket nærmere sammen omkring et centralt begreb: *kulturstudier*.[34] Denne udvikling har tilført denne type af 'systematisk' forskningsorientering stærkere indslag af historiske betragtningsmåder. Omvendt er der inden for den 'historiske' musikvidenskabs

[34] Jf. nærmere mit indlæg: "'Værk' og 'liv' som (modstridende?) musikvidenskabelige grundlag", in: *Svensk tidskrift för musikforskning* (86), 2004, s. 11-25.

rammer sket en ganske markant forskydning: fra klassiske historiske beskrivelses- og forklaringsmetoder hen imod en betragtning af kunstværket eller det æstetiske objekt – forstået både som teoretisk kategori og i egentligste forstand som *enkeltværk* – som et af fagets væsentligste anliggender (hvis ikke endda det vigtigste). Dette har bragt den musikalske *analyse* i en position som et dominerende element i det musikvidenskabelige arbejde.

I den forbindelse har *historien,* der traditionelt har haft status som en "stor fortælling", ledsaget af forestillinger om objektivation og syntese (undertiden fremstillet som en art selvorganiserende bevægelse)[35], måttet give plads i betydelig grad for et mere "relativeret" eller kontingens-præget syn. Dette begreb refererer til vægten og betydningen af en ubestemt sum af betingende faktorer. (Se videre s. 106.)

Sådanne nyere koncepter for historieskrivning eller historieopfattelse baserer sig i højere grad på et *åbent* strukturbegreb. Det indebærer at det ikke på forhånd ligger fast, hvilke "ydre" og "indre" forhold der strukturerer de enkelte historiske situationer, eller hvordan disse opstår og virker. Og endvidere, at det ikke principielt eller på forhånd kan antages at bestemte forhold er betingende – for eksempel biografiske omstændigheder, 'miljø' eller politiske/økonomiske betingelser –, medens andre er betingede af bestemte dominerende faktorer.

---

[35] F.eks. Adler i hans *Der Stil in der Musik.* Leipzig 1911. (Jf. min artikel: "*'Ørneflugt'.* Forsøg på en indkredsning af Guido Adlers indflydelse i dansk musikforskning", in *A due. Musical Essays in Honour of John D. Bergsagel & Heinrich W. Schwab.* Kbh. 2008, s. 504-517, spec. s. 509 f.)

Dette koncept kendes som 'strukturhistorie'.[36]

Et andet koncept er udfoldet under *receptionsteoretiske* fortegn.[37] Under denne synsvinkel fremtræder historien i vekslende fokuseringer, afhængige og prægede af skiftende forståelser og forvaltninger af det givne historiske materiale, som skyldes påvirkninger fra forskellige tider eller "kollektive mentaliteter", og mere specielt fra særligt aktive, individuelle recipienter.

5 · Et faghistorisk overblik

MUSIKVIDENSKAB er, med rette, blevet kaldt et ungt fag med en vældig lang forhistorie.[38] Det er sådan at forstå at fænomenet musik, på den ene side, fra ældgammel tid har haft sin plads og funktion under begrebet *scientia,* idet den musikalske 'videnskab' var en af de syv *artes liberales* (frie kunster) i det middelalderlige lærdomssystem. Og endda en af de fire videregående og dermed mere eksakte videnskaber, med grundlag i målelige forhold: matematik, fysik og astronomi. På den anden side har musikforskning som disciplin i moderne forstand: som humanvidenskab, i sin historie kun cirka 150 år på

---

[36] Jf. bl.a. C. Dahlhaus: *Grundlagen der Musikgeschichte.* Köln 1977, kapitlet "Gedanken zur Strukturgeschichte", s. 205-235. (Eng. udgave: *Foundations of Music History*. Cambridge 1983.)

[37] Se f.eks. Mark Everist: "Reception Theories, Canonic Discourses, and Musical Value", in: N. Cook, M. Everist (eds.): *Rethinking Music.* Oxford, New York 1999, s. 378-402.

[38] Guido Adler indledte i 1885 sit (berømt-berygtede) generalprogram for faget (jf. fn. 15) med den ubekymrede påstand: *"Die Musikwissenschaft entstand gleichzeitig mit der Tonkunst."*

bagen. I denne afgrænsning har fagets indpas i universitetet siden midten af 1800-tallet en særlig, men i starten dog alligevel ikke videre betonet rolle at spille.

I et kortere overblik, der tager denne dobbeltfokuserede situation i betragtning, må det lange perspektiv af praktisk-pædagogiske grunde henvises til musikhistorien, hvor det vil udgøre særlige lærdomshistoriske afsnit. Den videre fremstilling – nærværende kapitels – beskæftiger sig af samme grund ikke med denne lange historiske sammenhæng (lige som det musikhistorisk centrerede kapitel 6 i øvrigt heller ikke kommer til at berøre det, af samme grund).[39]

Det kortere perspektiv har rigtignok i princippet en lignende status af lærdomshistorie. Men den kan som sådan også struktureres efter primært teoretiske retningslinier, så vidt muligt *systematiseres* i en sammentrængt form, idet man da ser bort fra en stor mængde mindre vigtige nuancer på detailplanet. (På det grundlag skal også meget af den *name-dropping*, der nemt kan komme til at dominere i en faghistorisk oversigt, forsøges undgået i størst mulig grad.)

Her vil hovedvægten i stedet blive lagt på nogle overordnede, fortløbende – eller vel snarere: stadigt vekslende – synsvinkler der er gennemgående i det kortere, godt 150-årige tidsrum. De kan bestemmes som to nærmest vedvarende, konkurrerende *paradigmer* helt op til i dag: videnskabelige synsmåder og strategier, som i forskellige afskygninger og udviklinger har produceret og

---

[39] Se i stedet W.D. Allen: *Philosophies of Music History. A Study of General Histories of Music 1600-1960.* New York 2·1962. Samt de relevante artikler i de store musikleksika: *The New Grove Dictionary of Music and Musicians* (*NG*, 6. udg.) og *Die Musik in Geschichte und Gegenwart* (*MGG*, 2. udg., *Sachteil*).

reproduceret sig fortløbende, vekselvis.

Denne fremgangsmåde motiveres endelig også af en bestemt aktualitet: den stadigt tydeligere – og ganske sikkert uigenkaldelige – forgreningsproces der har gjort sig gældende i musikvidenskaben, frem for alt gennem de sidste årtier. Den kan belyses, så at sige retrospektivt, gennem et historisk overblik over disse udsving mellem to hovedpoler. Den følgende fremstilling får derfor et faghistorisk sigte med accenter af mere videnskabsteoretisk art – aspekter som siden vil blive genoptaget og uddybet i kapitel 7.

Helt generelt og overordnet var den tidligste egentlige musikvidenskab *historisk* orienteret, forstået i kontrast til en æstetisk-analytisk rettethed. Perspektivet var romantisk forankret i et organisk-genetisk grundsyn: med et udviklingsforløb der er naturbestemt, en *vækstproces* frem imod et stadium af fuldkommenhed, og derfor ofte med en stor komponistskikkelse i centralperspektivet. Resultatet kunne i så fald let blive en *Heroengeschichte,* en fortælling om helteskikkelser, som i Johann Nikolaus Forkels biografi over Johann Sebastian Bach.[40] (Det kunne også, ikke mindst på tysk romantisk grund, fremtræde med en klart national værdiladning, som Forkels levnedsskildring viser det.)

Med sit synspunkt, at ingen enkelt del af kulturen skrider frem helt for sig, lagde Forkel grunden til, hvad der senere er blevet kaldt den *kultur- og åndshistoriske* musikhistorieskrivning. Denne retning fortsatte og blev videreudviklet efter midten af 1800-tallet med August Wilhelm Ambros' uafsluttede, men af andre fuldførte

---

[40] *Über J.S. Bachs Leben, Kunst und Kunstwerke.* Leipzig 1802.

Geschichte der Musik i 5 bind (1862-1884). Opfattelsen hos Ambros var principielt den samme: "Intet træ vokser kun på enkelte grene". Men i forhold til Forkel lagde han i sit historiesyn hovedvægten et andet sted end på 'slut- og perfektionsstadiet', idet han – givetvis i tilslutning til nyere naturvidenskabelige og ikke mindst Darwinistiske erkendelser – betragtede musikhistoriens højdestadier og forgrundsfigurer i lyset af, og afhængige af foregående, mindre udviklede tilstandsformer, hhv. "forløbere".

På samme måde evolutionistisk i sin grundanskuelse – det lå i århundredet på nærmest selvfølgelig måde – var ligeledes, og noget tidligere end Ambros, den belgiske bibliotekar François Joseph Fétis. Men i sit *Résumé philosophique de l'Histoire de la Musique* fra 1835 fulgte denne musikforsker alligevel en ganske anden teoretisk bane end Forkel og senere Ambros (hvad jo allerede ordet *philosophique* i hans bogtitel antyder).

Betragtningsmåden er navnlig på ét punkt radikalt anderledes: den kulturhistoriske tanke om en sammenhæng på grundlag af en større kulturel helhed spærrer, ifølge Fétis, for en dybere indtrængen i den enkelte kunstarts væsentligste forhold, her altså musikkens. Musik har *essentielt* ikke noget nærmere fællesskab med de øvrige kunstarter, og navnlig bør betragtninger ud fra det videre, kulturhistoriske genstandsfelt undgås af den grund, at den særlige *virkning*, som musik udøver, fremtræder stærkest, hvis man ser bort fra alle forhold af mere eller mindre analog karakter og i stedet koncentrerer opmærksomheden på det som Fétis kalder musikkens egne *idées principales*. Hvad disse "ledende forhold" angår, adskiller de enkelte kunstarter sig helt fra hinanden.[41]

Men også ordet 'udvikling' bliver hos Fétis omtydet: til *'transformation'*, dvs. forandring eller forvandling. Herved mindsker han også betydningen af den ellers og længe så fremtrædende forestilling om en *fortløbende* og ligesom organisk forløbende udvikling. Og helt selvstændig er Fétis, under bibeholdelse af et udviklingsprincip forstået som et hovedperspektiv af historisk-tidslig art, i sin bestemmelse af forandringens eller forvandlingens grundlag. Det ser han i musikkens iboende rationelle størrelser. Sådanne elementer konstaterer han navnlig i fænomener som *tonalitet* og mere elementært: i en given musiks toneforråd, dvs. skalaforhold og lignende. Han spørger herudfra til, hvilke *konsekvenser* denne eller hin skalaform, denne eller hin tonalitetstype kan have, og hvilke kombinationer sådanne forhold tillader eller udelukker.

Med betoningen af disse 'ledende ideer' eller væsensforhold lagde Fétis grunden til senere tiders *systematisk-analytiske* musikforskning. Man kan på en vis måde, i en tilbageprojektion fra Guido Adlers overordnede skitsering af den samlede disciplin (jf. kapitel 4 og følgende fodnote), sige at han står for denne forsknings første markante udviklingsskridt: Fagets indtil da afgjorte identitet som Musikhistorie kunne nu begynde at aftegne sig i bredere form som Musikvidenskab.[42]

---

[41] Jf. komponisten Robert Schumanns noget lignende tanke: "Den ene kunstarts æstetik er lig den andens; kun materialet er forskelligt." (M. Kreisig (Hrsg.:) *Robert Schumann: Gesammelte Schriften über Musik und Musiker*. Leipzig 1914, bd. I, s. 26.)

[42] (G. Adler: "Umfang, Methode und Ziel der Musikwissenschaft", jf. fn. 15.) Det første konkrete aftryk af denne fagbetegnelse blev sat med Friedrich Chrysanders grundlæggelse i 1863 af *Jahrbücher für*

Ganske vist blev også hos Ambros det primære erkendelsesgrundlag set som "musikalsk": han bestemte det som *"den rein geistigen Gehalt des Tonwerkes"*. Men denne musikalske kvalitet er noget mere end det musikalske materiale i sig selv; han siger at dette er med- og forudbestemt af *tidsåndens* egenart. På dette grundlag reduceres også her den quasi selvbevægende kraft i den romantiske "organiske" udviklingstanke.

Men hvor Fétis kan siges at række frem imod Adler og især – efter ham, men i overvejende grad på selvstændig og mere radikal måde – til Hugo Riemann (som i det følgende desværre må vige pladsen for en noget større opmærksomhed på Adlers position[43]), dér er Ambros nærmest en tidlig forløber for den konkurrerende humanvidenskabelige hovedtendens i tiden efter den 1. verdenskrig: den *geisteswissenschaftliche* strømning, hvor synsvinklen ganske vist også er klart fagspecifik: rettet mod "sagen selv", men hvor styringsfaktorer som 'menneskeånden' (den skabende bevidsthedsinstans) og 'tidsånden' er medinddraget. Den definerer sig som en *syntetiserende* musikhistorieskrivning, med en hensigt om at nå frem til videre rækkende forklaringer af interne musikalske forhold, på baggrund af personlige og kulturhistoriske momenter. (Også herom mere, siden.)

Hvad der således toner frem er en krumtap-lignende mekanik i fagets nyere udviklingshistorie. Den er naturligvis ikke ment som en reel og permanent virkende

die musikalische Wissenschaft. Denne periodiske publikation kom dog kun til at opleve sin første årgang.

43 Studer til gengæld A. Rehding: *Hugo Riemann and the Birth of Modern Musical Thought*. Cambridge 2003, og W. Gurlitt: "Hugo Riemann und die Musikgeschichte", in: *Zeitschrift für Musikwissenschaft* 1918/19, Heft 10.

størrelse (det ville være udtryk for en historisk mytologi); men den skal på den anden side betragtes som mere end bare et billede på en diffus, vekselvirkende tendens. For bag dette "mønster" finder man, som det realt virkende, to grundanskuelser, der hver for sig er både rationelle og *operationelle*. De synes – uden at andre værdi- eller interessegrundlag de facto mangler – at have været de mest levedygtige til helt op i vore dage.

I deres praksissammenhænge har disse to retninger tilstræbt ganske forskellige mål. Forenklet formuleret: bredere musikhistoriske versus musikanalytisk/musikhistoriske synsvinkler; med rent filologisk arbejde som en til tider ret dominerende "bipol" i den sidstnævnte tradition. (Formidlende positioner mellem de to nævnte paradigmer skal dog heller ikke overses, navnlig ikke når det gælder udviklingen efter cirka 1970.)

Det mest dominerende paradigme gennem den første halvdel af 1900-tallet var det der tidligst gjorde sig bemærket ved at anføre begrebet *stilkritik* som den operationelle hovedkategori. Det er i første instans forbundet med Guido Adlers og Hugo Riemanns navne og arbejder. I et fagorganisatorisk perspektiv må Adlers (og senere Wiener-instituttets) betydning stilles højt over Riemanns indflydelse (med centrum i Leipzig). Derimod står Riemanns teoretiske og teori-virksomme betydning væsentligt over Adlers tilsvarende niveau. Alene den funktionelle harmoniske analyseteori, der bærer Riemanns navn, er bevis nok herfor. (Jf. i øvrigt note 43.)

Adler plæderede for et stilhistorisk synspunkt under påvirkning, i udviklingsteoretisk henseende, fra filosoffen Herbert Spencer, og på det æstetikfaglige område, dvs. i snævrere metodologisk forstand, fra kunsthistorikeren Heinrich Wölfflin, hvis indflydelsesrige bog

Kunstgeschichtliche Grundbegriffe kom i 1915. Adlers hovedbidrag er indeholdt i bøgerne *Der Stil in der Musik* fra 1911 og *Methode der Musikgeschichte* fra 1919. (De er begge så alment udformede at de, sammenholdt med en del teoretiske ufuldkommenheder, i dag er uden brugbar værdi på anden måde end som rent historiske vidnesbyrd.) De vigtigste retningslinier for en musikalsk stilhistorie à la Adler kan angives gennem følgende hovedpunkter[44]:

(1) Paradigmet er grundlæggende *reduktivt* i sin udformning, da det overordnede historiske synspunkt går ud på at erkende *kontinuitet* i alle udviklingssammenhænge. Udviklingsgangen ses i stort format og som organisk-genetisk. Dette betyder at undtagelser, anderledeshed o.lign. højst får betydning som momenter der eventuelt kan ende med at tilvejebringe en ny "stilstrømning".

(2) For: historiens gang skal samtidig aflæses gennem stilarternes *forandring*. Og det bliver musikhistorikerens vigtigste opgave gennem en *stilkritik* at sondre mellem forskellige stilkriterier, som endvidere kan forbinde sig med underliggende genrekriterier (til subgenrer).

(3) Projektet fremtræder med prætention om objektivitet efter naturvidenskabeligt accentuerede normer: Kausalitet, følgerigtighed, ja til og med 'nødvendighed' fremstilles af Adler som virkende kræfter i historie-

[44] En grundig (og stort set ganske negativt vurderende) redegørelse, som nærværende fremstilling i nogen grad baserer sig på, er givet af W. Dömling: "Musikgeschichte als Stilgeschichte. Bemerkungen zum musikhistorischen Konzept Guido Adlers", in: *International Review of the Aesthetics and Sociology of Music*, vol. 4, 1973, s. 35-49.

paradigmet. I metodisk henseende er dette projekt da også til den aller største del *induktivt* fundamenteret, dvs. at observationer og følgeslutninger sker ud fra en mangfoldighed af enkeltobservationer der sammenfattes til 'regler' og stiltendenser. (Dertil undtagelser herfra som det mere underordnede, men dog specificerede.)

Det står endvidere frem som *enhedsbetonet*, eftersom det absolutte nøglebegreb, stilen, bliver udstrakt i alle "dimensioner": over tid (periodestil), sted (national, regional eller lokal stil), genre- og form"stil", individualstil (knyttet til en bestemt komponist eller komponistskole), og dertil en stilgenetik i det helt snævre perspektiv såsom: en 1. (første, begyndende), en 2. (udviklet) og en 3. (sen, blomstrende, evt. afblomstrende) stilfase, set i et overordnet homogent stilaspekt: periodemæssigt eller individuelt anskuet. – Den tredeling, der her er specificeret og, som det klart fremgår, har sit grundlag i en biologisk-organisk metafysik, har gennem lange tider været ret almindeligt brugt. Et velkendt eksempel herpå er 'Beethovens tre stilperioder'.

(4) Stilparadigmet medfører, trods de mere individuelle specificeringer i ovenstående række, tendentielt en "historie uden navne" (som Wölfflin har omtalt sit eget, ud fra det "rene" kunstneriske materiale betragtede forskningssyn). Man har også talt om en musikhistorie 'på langs': op gennem tiden og relativt katalogmæssigt i forhold til en anden udfoldelse, der i højere grad lægger et 'tværsnit' *i* tiden. Og endelig er der en vis tendens til en abstraherende historiografi, der baserer sig på hvad forskellige fagfolk, bl.a. filosoffen Gilbert Ryle og antropologen Clifford Geertz har kaldt en *"thin description"*, f.eks. en fysisk handling, versus en *"thick description"* som også tager begivenhedens kontekst og motivatio-

nerne for den med i betragtning.[45]

(5) Som en konsekvens af alt dette bliver det enkelte kunstværk – igen i det mindste tendentielt – reduceret til et rent *stildokument*. Det tages typisk ikke i betragtning *"in its own right"*, men subsumeres helt nøgternt under efterhånden præ-etablerede overbegreber. Stilhistorien bliver, med kunstkritikeren Hans Sedlmayers ord, "en historie over rene substrater, [...] genstande, som først opstår gennem en opløsning af kunstværket" (Dömling (fn. 44) s. 43).

Hensigten om *saglighed*: at betragte musikken selv, og ikke i første eller anden række dens ophavsmænd og deres indlejring i en videre historisk sammenhæng, som det overordnede programpunkt i etableringen af en historisk *orden*, skaffede de Adler'ske og Riemann'ske former for stilkritik et stærkt fodfæste i det 20. århundredes første årtier. Også i dansk musikforskning stod denne stilkritik i mellemkrigstiden – det lokale tidehverv for faget: efter 1918, hvor universitetet blev dets egentlige base, og mange år længere frem i tiden – som den absolut mest aktuelle.[46]

---

[45] Som en kuriøs eksemplificering på en *thin description* citeres Knud Jeppesens – bevidst pointerede? – idé: "Hele Musikens Historie kunde egentlig med fuld Ret skrives som "Ledetonetrinets Saga" [og] handle om, hvorledes denne Virkning oprindeligt har været til Stede i visse gregorianske Tonearter, hvorledes man først gik forsigtigt udenom den, for først efterhaanden at faa Øre for den og indføre den i Tonearter, i hvilke den oprindelig ikke fandtes. Hvorledes den saa, da man gik over til Flerstemmighed, tog Form som Følgen: Durdominanttreklang - Tonika, og hvordan den endelig førte til hele den Wagnerske og Efter-Wagnerske Kromatik." (*Kontrapunkt. Vokalpolyfoni.* Kbh. 1929 (1962), s. 68, fodnoten.)

[46] Af størst betydning har måske Knud Jeppesens "eksemplariske", strengt induktivt udførte doktordisputats *Palestrinastil med særligt*

Et kulturhistorisk influeret forskningsprogram var derimod mere fremtrædende på svensk grund, indtil – fra slutningen af 1930'erne – stilkritiske synsvinkler også her gjorde sig mærkbart gældende.[47]

Et nyt grundlag for en musikvidenskab der (som foregrebet side 74) havde en *syntese* som mål, mellem den tidligere kulturhistoriske forskningsretning (med klare biografiske accenter) og en stilkritik, lader sig spore med al tydelighed fra året 1919 (jf. fodnote 43). Denne retning fik op gennem mellemkrigstiden en tilslutning der inden for den tyske kulturkreds lader sig måle med, hvis ikke den efterhånden overgik, det induktivistisk-stilkritiske paradigme. De senere katastrofale politisk-ideologiske forhold, der bredte sig i og fra Tyskland, bevirkede til gengæld at denne *geistesgechichtliche* videnskabsform blev erklæret bankerot efter 1945. Men den brudte linie fører – indirekte – videre til et langt senere, tilsvarende "skred" i musikvidenskabens diskursformer, efter midten af 1980'erne. (Det blev indledt fra amerikansk side og skal omtales senere.)

Dette 'syntetiserende' forskningsparadigme havde som sin første og mest betydelige repræsentant Wilibald Gurlitt. Hans langt senere efterfølger (ved universitetet i Freiburg): Hans Heinrich Eggebrecht har givet en klar og detaljeret introduktion til Gurlitts videnskabssyn,

---

Henblik paa Dissonansbehandlingen, Kbh. 1923, været. Men Adlers ovenfor nævnte bøger omtales af Jens Peter Larsen (f. 1902, professor ved Kbh.s Univ.) i et sent fagligt tilbageblik som "vore bekendelsesskrifter, og den af Adler redigerede *Handbuch der Musikgeschichte* (1924) blev den på flere måder revolutionerende nye lærebog." (*Dansk Årbog for Musikforskning* XIV, 1983, s. 23.)

[47] Se S. Dahlstedt: *Fakta och förnuft. Svensk akademisk musikforskning 1909-1941*. Göteborg 1986, s. 158ff. (*passim*).

fulgt af en fyldig nyudgivelse af hans vigtigste artikler.[48] I det hele taget må det betones at den déroute, der senere blev denne retning til del, ikke deklasserer hverken Riemann-eleven Gurlitt og hans arbejder eller den anden forgrundsfigur i det *geisteswissenschaftliche* paradigme, Ernst Bücken. Navnlig han var omhyggelig med *ikke* at vende Riemann- og navnlig Adler-traditionens udpræget induktive, internt-musikalsk begrundede forklaringsmetode om i en lige så ensidig fremgangsmåde: at lade et helhedsbillede antage funktion af en overordnet hypotese eller et hypotesesystem, hvorudfra et antal detaljerede musikalske sagsforhold bliver at bestemme empirisk-deduktivt.[49]

Ud fra Gurlitts hovedsynpunkt: at overskride begrænsende formalistiske positioner og gøre det muligt at lade det musikalsk egenartede fremstå som udtryk for et "åndeligt liv", som må bestemmes ud fra selvstændige musikvidenskabelige metoder, fik for det første den musikalske *biografik* igen en afgørende funktion som undersøgelsesfelt. For det andet blev det musikalske *enkeltværk* (såvel som mindre grupper af værker inden for et kompositorisk individs produktion) tilkendt en markant forøget betydning. Og for det tredje konstitueredes dermed, alt det foregående taget tilsammen, et *andet stilbegreb* end efter Riemanns og Adlers kriterier: Bücken opfattede kategorien 'stof', i betydningen af det

---

[48] *Wilibald Gurlitt: Musikgeschichte und Gegenwart. Eine Aufsatzfolge* (I-II). Hrsg. von H.H. Eggebrecht. *Beihefte zum Archiv für Musikwissenschaft,* 1, 2. Wiesbaden 1966. – Introduktionen i bd. I, siderne VII-XIX. I bd. II bl.a. den grundlagstekst der er angivet i fodnote 43.

[49] Af "programmatisk" vigtighed er her E. Bückens artikel "Grundfragen der Musikgeschichte als Geisteswissenschaft", in: *Jahrbuch der Musikbibliothek Peters* 1927, s. 19-30.

generelle substrat for 'stil', på ét punkt anderledes:

> Stofbegrebet ikke i betydningen af et musikalsk stof der helt tilhører materialesiden, identisk med musikkens elementer, men snarere stof som den oplevede virkelighed, hvorfra det musikalske værk udspringer.[50]

Og med ordet 'udtryk' i spidsen kom det blandt andet, formuleret af Bückens medarbejder Paul Mies, til at hedde *Ausdrucksstilmomente* (*en détail*), og sammenfattet i større grupper eller helheder: *Ausdrucksstilformen.*

Et symbolbehæftet og i sjældnere tilfælde semantisk ladet stilbegreb trådte dermed op ved siden af de tidligere mere rent klassifikatoriske. Hos Mies kom udformningen af kriterier for disse begreber til at hvile på f.o.fr. induktive og undertiden ganske strengt opstillede eksperimentelle procedurer.[51] Dette skal ikke så meget nævnes for værdien af resultaternes skyld – den var efter "smagsprøver" at dømme ret begrænset –, men fordi et senere, noget lignende stilforskningsprogram kom til at få en ganske langvarig betydning (om end især på østrigsk samt, mere indirekte, på østtysk grund) gennem Erich Schenk, indflydelsesrig professor ved Wiens Universitet fra 1939 til 1971.[52]

---

[50] *Geist und Form im musikalischen Kunstwerk.* (= Handbuch der Musikwissenschaft, Bd. 7.) Wildpark-Potsdam 1929, "Einleitung". (Min oversættelse.)

[51] Jf. E. Bücken, P. Mies: "Grundlagen, Methoden und Aufgaben der musikalischen Stilkunde", in: *Zeitschrift für Musikwissenschaft,* Jg. 5, 1922/23, s. (9-) 11-15. (Mies' senere arbejder lå især inden for området det 19. århundredes tyske lied.)

[52] Det har virket videre i længere tid derefter, bl.a. gennem Schenks elev Constantin Floros (ved Hamburgs Universitet). Om Schenks (senere) virke, se det kritisk vurderende bidrag af M. Pape: "Erich Schenk – ein österreichischer Musikwissenschaftler in Salzburg,

Og det vil sige i en periode – efter 2. verdenskrig – hvor musikforskning, hvor den ikke placerede sig i et kulturelt hovedperspektiv, f.eks. som musiketnologi, indstillede sig efter først og fremmest nypositivistiske normer. Her er især følgende forhold karakteristiske:

Synsfelternes indsnævring, betinget især af en stærkt tiltagende specialisering og en dermed følgende forøgelse og forfinelse af analytiske procedurer. I det hele taget en tilbagegang for de helt brede musikhistoriske perspektiver. Også dette felt "skrumper ind", men det skal forstås på en særlig måde, nemlig som følge af en voldsomt forøget aktivitet omkring detailfilologisk arbejde. 2. halvdel af 1900-tallet er således glansperioden for de mange og særdeles omfattende nyudgivelser af musik i nøje redigeret, videnskabeligt baseret og 'kritisk' stand. Her har amerikanske musikforskningsfora og i 2. række tyske institutioner ført an.[53]

Endvidere: musikanalyse bliver i stigende grad specialiseret ud som *værkanalyse.* Vi er nu også i strukturalismens og den 'nykritiske' *close reading*'s store tid.

Dér hvor sådanne nærgående analyser – i sandhedens navn ikke så sjældent – har placeret sig i bredere, historisk nuancerede perspektiver, er det ofte kommet i stand ved at relatere analyse til en historisk given og praktisk-

---

Rostock und Wien. Musikgeschichtsschreibung zwischen großdeutscher und kleinösterreichischer Staatsidee", in: *Die Musikforschung,* 2000, s. 413-431 (især s. 426ff.). – Den DDR-tyske, marxistiske variant af det ekspressivt definerede stilbegreb havde en dominerende repræsentant i (den østrigske immigrant) Georg Knepler.

[53] Som et par af de mest spektakulære og normdannende projekter nævner jeg blot: den gigantiske serie *Corpus mensurabilis musicae* (1948ff., indeholdende senmiddelalderlig og renæssancemusik) samt "den nye Bach-udgave", dvs. *Johann Sebastian Bach, Neue Ausgabe sämtlicher Werke* (1954ff.)

kompositorisk virksom *genreteori.* For ældre musiks vedkommende, cirka frem til midten af 1700-tallet, navnlig med traktater, kompositionslærebøger o.lign. skrifter som grundlag. Siden i højere grad ud fra 1800-tallets hastigt voksende musikæstetiske litteratur, hvor denne fremtræder som sag-immanent underbygget, ikke blot postulerende på et rent normativt "værdigrundlag". (Dette vil blive uddybet s. 156f.)

Mere profilerede genreteorier har på denne måde ladet sig formulere navnlig vedrørende symfonien, strygekvartetten, operaen og lieden. Selvsagt indgår heri også, og frem for alt, de fortløbende kompositoriske refleksionsprocesser der konstituerer interne kredsløb, medsamt de historiske strukturmomenter der indgår heri.[54] Dermed er vi igen tilbage ved musikværkernes interne relationer som forskningens hovedanliggende. Hvad 'historien' angår, bliver den bestemt som en musikalsk *problemhistorie* – udfoldet på andre måder, men i selve princippet ikke anderledes end sådan som den blev skitseret mere end 100 år tidligere af Fétis. Den væsentligste forandring består måske i virkeligheden i at 'historien' som referenceinstans her blev ganske meget mere underordnet, så at den for mange forskere i efterkrigstiden har tenderet i retning af at fortyndes, hvis ikke mere eller mindre at svinde hen for betragtningen.

Og det længe fremherskende begeb *stil*? Med det sker der, overordnet set, en nedtoning. På den ene side lever begrebet videre under naturvidenskabeligt prægede auspicier: I for det meste nøje afgrænsede sammenhænge, hvor den specificerende behandling foregår med flittig

---

[54] Hovedkarakteren heraf turde f.o.fr. være kontinuitetsbetonet; men afvigelser, og indimellem regulære brud, må lige så vel tages i betragtning.

brug af statistik[55] – og her efterhånden, om end mere sjældent, med elektronisk databehandling som arbejdsredskab.[56] På den anden side bliver det et hovedindtryk at stilbegrebet, som efterkrigstiden skrider frem, mere og mere forflygtiges som faglig term: i retning af at fungere først og fremmest som en *metafor* for begreber som musikalsk "sprog" eller (i en mere stringent betydning) som 'teknik'.

Et symptom på stilbegrebets teoretisk temmelig uafklarede status[57] er at det stadigvæk, hvor det bruges mere ureflekteret eller også netop som en art metafor, anses for applicerbart i alle mulige henseender, helt som på Adlers tid: perioder, områder, lokaliteter, grupper, enkeltpersoner, genrer; i ekstremfald også et enkeltværk. Og sjældnere og mere specielt endnu: som attribut til en høj æstetisk rang.

Taget med en bogtitel som det væsentlige kriterium ville man måske sige at Charles Rosens standardværk *The Classical Style. Haydn, Mozart, Beethoven*[58] modsiger en sådan "forfaldsproces"– især dets ubestrideligt store kvaliteter taget i betragtning. Men bortset fra at Rosen aldrig angiver klarere, hvad han forstår ved 'stil' i denne sammenhæng (er den homogen eller heterogen, af én støbning eller differentieret?), er det oplagt at man ikke skal lægge for megen vægt på substantivet i titlen (selv om det går igen i mange kapitelangivelser). Og vil

---

[55] Der kan henvises til et par store aarhusianske forskningsarbejder: F. Mathiassen: *The Style of the Early Motet.* Kbh. 1966 og F. Egeland Hansen: *The Grammar of Gregorian Tonality.* Kbh. 1979.

[56] Jf. W. Steinbeck: *Struktur und Ähnlichkeit. Methoden automatisierter Melodienanalyse.* Kassel 1982. Dertil F.E. Hansen (jf. fn. 55.)

[57] Dette spørgsmål vil blive nærmere udviklet s. 140f.

[58] London, Boston 1971, 1976.

man tvivle på dét, så må – foruden detailtilegnelsen, der snarere end en systematisk stil-udlægning efterlader indtrykket af fintmærkende æstetiske iagttagelser og *vurderinger* – bogens allersidste sætning, hvor paradoks den end kan forekomme, gøre det helt klart for én:

> The true inheritors of the Classical style were not those who maintained its traditions, but those, from Chopin to Debussy, who preserved its freedom as they gradually altered and finally destroyed the musical language which had made the creation of the style possible.[59]

Musikvidenskaben udviklede sig efter 1950, og endnu mere efter yderligere et tiår, langt mere i kvantitativ henseende end kvalitativt, dvs. med hensyn til nye tænke- og arbejdsmåder. En modstrømning til den fremherskende nypositivisme finder man væsentligst i form af den musikalske forgrening af begrebet *kritisk teori* (samfundsteori) som især tegnes af Theodor W. Adorno, og som på dansk grund fik en højt kvalificeret repræsentant – ikke mindst i formidlende form – i den alt for tidligt afdøde Poul Nielsen.[60] Men set i den store og internationale faghistories perspektiv blev denne strømning ikke til mere end en, langtfra ubetydelig, parentes. Og det stod klart allerede før begivenhederne i 1989-90.

Den afgørende drejning bort fra gængs musikvidenskabelig rutine og geskæftighed skete med afsæt fra det land som efterhånden var nået på omgangshøjde med det førhen dominerende, tyske forskningsområde: fra

---

[59] *Op.cit.* (1976) s. 460.

[60] *Musik og materialisme. Tre aspekter af Th.W. Adornos musikfilosofi.* Kbh. 1978. Desuden artikelsamlingen *Hjerte og hjerne i musikken.* Kbh. 1980.

Amerika. Det vil samtidig sige fra det land hvor positivistiske forskningsparadigmer var stærkest cementerede. Skreddet kom i stand på baggrund af én enkelt debatbog: Joseph Kermans *Contemplating Music.*[61]

Kermans skydeskive var netop den engelsksprogede, og navnlig den amerikanske, rent faktamæssigt samlende, registrerende og ordnende *musicology* – som i hans lidt egensindige brug af ordet betegner den historiske musikvidenskab. Det han anklagede denne dominerende sektor for var, at den tilsyneladende havde til hensigt at udskyde, på ubestemt tid, den lige så vigtige, hvis ikke langt væsentligere opgave: at bruge det enorme fond af faktamateriale som grundlag og snarest middel for det afgørende forskningsmål: at vurdere, i betydningen *interpretere* musikken; i sig selv, men også i dens historiske og kulturelle kontekst.[62]

I dette hovedærinde foretager Kerman i sin bog en udparcellering af musikvidenskaben i tre hovedkategorier: (1) [Historical] *Musicology,* som han definerer som *the study of music in history.* (2) *Theory and analysis,* med bestemmelsen *the investigation of the structure of music.* Og (3) *Ethnomusicology* som (set fra en europæisk synsvinkel noget reduktivt:) *the study of music as culture.* Dette indicerer at han opererer med en tendenti-

---

[61] Med undertitlen *Challenges to Musicology.* Boston 1985.

[62] Slægtskabet med Wilibald Gurlitts musikhistoriske forskningsprogram fra 1919 er åbenlyst. Men Kerman har ikke blikket rettet så langt bagud; og den tyske tradition berøres stort set kun i sammenhæng med at han nævner de fordrevne tyske musikforskeres indirekte betydning for konsolideringen af amerikansk musikvidenskab under positivistiske fortegn: De amerikanske studenters mangelfulde ballast (som de immigrerede lærere så det) m.h.t. "almen dannelse" kaldte, som Kerman interpreterer det, på en akademisk *rigour* i en streng fagmæssig og pædagogisk aftapning.

el fraspaltning af det specifikt musikalske aspekt for dette fagområdes vedkommende.

Tilsvarende "firkantet" må også Kermans separering af de to første kategorier forekomme, i hvert fald set fra en europæisk (og specielt måske tyskdomineret) fagtraditions side. Den må imidlertid have haft en god del praktisk relevans i det amerikanske perspektiv.

Men foruden disse tre nævnte og i bogen mere eller mindre fyldigt behandlede fagområder (alt efter Kermans personlige indstillinger: bogen er i det hele taget meget personligt, undertiden ligefremt selvbiografisk holdt), fremhæver forfatteren, på baggrund af sin skarpe kritik af den snævre og alt mere snæversynede dyrkelse af fakta, et fjerde forskningssegment: *Musical Criticism*. Dette fremstår så at sige som Kermans eget virkefelt.

To ting må her gøres klart: For det første at *criticism* ikke skal forstås som funderet dagbladskritik og deslige (musikalske "indføringer" af forskellig art). Det fremgår tydeligt af den definition han, analogt med de ovenfor refererede, anlægger: Criticism er *the study of the meaning and value of art works.* – En forklaring er langt mere at søge ud fra den akademiske *literary criticism.*

For det andet: forfatteren hævder ikke at have initieret et nyt fagområde. Han anfører som et strålende fortilfælde Charles Rosens *The Classical Style* (jf. s. 84 i nærværende skrift). Han kunne også have henvist til Adornos musikkritiske og -filosofiske skrifter. Men Kermans udformning af sin criticism har rigtignok et andet hovedmål og et tilsvarende andet metodesyn end hvad man finder hos Adorno. Som grundmodel forklarer han det som *"the movement* [...] *from the various branches and methodologies of music history towards the actual music."*[63] – Dette understreger den skjulte affinitet til den Gurlitt/Bücken'ske forskningsmodel.[64]

Contemplating Music udkom ret omgående også i en engelsk udgave, som *Musicology*. (*"No contemplating here: we're British, please"*, som denne titelændring blev kommenteret drillende.) Og bogen blev snart, her som dér, igangsættende for andre refleksionsprocesser. Også nok i højere grad, og navnlig med andre følgevirkninger, end Kerman havde tænkt og ønsket sig.

For i løbet af ganske få år skød der en hel underskov op i det musikvidenskabelige terræn; i Amerika kaldet *New Musicology* og i England fortrinsvis *Critical Musicology*. Blandt repræsentanterne for denne strømning er der ingen utilbøjelighed at spore med hensyn til at interpretere; tværtimod handler det her i første række om dette – og det subjektive greb er sat i højsædet.

Et hurtigt og bekvemt indblik i, hvilke nye retningslinier der ligger til grund for denne "nye, kritiske" musikvidenskabelige retning, kan man tilegne sig gennem opslagsfortegnelsen i bogen *Musicology. The Key Concepts.*[65] Blandt de særegne begreber der her behandles, leksikalsk og med litteraturhenvisninger, nævner jeg følgende 15 ud af de i alt 90 emneord:

alterity, body, class, cultural studies, deconstruction, ethnicity, feminism, gay musicology, gender, identity, orientalism, post-colonialism, race, sexuality og *subject position.*

---

[63] *Op.cit.* (fn. 61) s. 126.

[64] Et andet, markant – og nyere – eksempel herpå er Tomi Mäkelä's enorme og tætvævede monografi *"Poesie in der Luft" – Jean Sibelius. Studien zu Leben und Werk.* Wiesbaden 2007.

[65] Forfatterne til bogen (London, N.Y. 2005) er to engelske universitetslektorer, David Beard og Kenneth Gloag.

Hvor længe man kan tænkes at skulle fortsætte med at regne dem blandt de repræsentative fagterminologier, som de opfattes ifølge bogtitlen, er foreløbig mere eller mindre uafklaret. Anderledes sagt: det må overlades til den enkelte fagpersons eller studerendes smag, skøn eller afgørelse.[66]

6 · Musikhistorie

LÆNGE FØR musikvidenskaben etablerede sig i moderne, institutionelt forankrede rammer, var musikhistorien den ene af fagets centrale discipliner. Den anden var musikteorien, forstået enten som "ren" teori eller i alliance med håndværkslære, som *satslære* i en regelstyret udformning. På musikhistorikerens arbejdsbord lå – som i de beslægtede fag, de øvrige kunstvidenskabelige – den helt store opgave: at indsamle, skabe overblik over og om muligt at systematisere, ved grupperinger der retter sig mod en mere overordnet erkendelse, hhv. forståelse af en uoverskuelig mængde af overleveringer: *kilder* med relation til musik. I første række selvfølgelig med komponisterne og deres værker som de centrale datafonds, men i øvrigt enhver form for oplysninger og vidnesbyrd om musik i bestemte tidsafsnit. Dette historiske felt omfatter blandt andet:

66 Litteraturen, især på artikelplan, er omfattende. Et rimeligt og kvalificeret overblik kan man få i Marcia Citron's *keynote lecture*: "American Musicology and the Culture of Change", in: Th. Holme Hansen (udg.): *13th Nordic Musicological Congress Aarhus 2000. Papers and Abstracts*. Aarhus 2002, s. 24-36.

– Teoretiske fremstillinger, sammenfattende kaldet *traktater*: dels om rent teoretiske forhold (konsonans/-dissonansteori f.eks.) og mere praktiske kodificeringsanliggender, f.eks. om notation; dels om mere komplekse kompositionstekniske forhold, såsom hvilke fremgangsmåder man skal iagttage ved bestemte former for komposition, vokal såvel som instrumental.[67] Desuden fremstillinger af opsummerende, leksikalsk betonet art, hvortil blandt andet kan nævnes en samlet og måske også systematiseret redegørelse for kendte og anvendte instrumenter.[68] Endelig også regulære musikalske leksika som vi kender dem, indeholdende både person- og sagartikler.[69]

– Mere specifikke arkivalier til oplysning om historiske personer på musikkens område: Især komponister, men også vedrørende musikere (f.eks. på grundlag af aflønningslister) og andre personer såsom teoretikere, kritikere og andre litterære bidragydere om musik og musikalske forhold. Det var i første række herudfra, foruden den førstnævnte type af kilder, at de tidligste

---

[67] Hertil kan bl.a. anføres hvad der findes samlet blandt de ældste traktater i Martin Gerbert: *Scriptores ecclesiastici de musica sacra potissimum I-III* (1784), fortsat med Charles Edmond de Coussemaker: *Scriptorum de musica medii aevi nova series I-IV* (1864-76). Af ældre kompositionstekniske skrifter f.eks. Christoph Bernhard: *Tractatus compositionis augmentatus* (1648/49), in: J. Müller-Blattau (Hrsg.): *Die Kompositionslehre Heinrich Schützens in der Fassung seines Schülers Christoph Bernhard* (1926, reprint 1963), og Johann Philipp Kirnberger: *Die Kunst des reinen Satzes in der Musik I-II* (1771-76).

[68] Jf. Michael Praetorius: *Syntagma musicum I-II* samt Appendix: *Theatrum instrumentorum* (1614-1620).

[69] Johann Gottfried Walther: *Musicalisches Lexikon oder musicalische Bibliothec* (1732); Ernst Ludwig Gerber: *Historisch-biographisches Lexikon der Tonkünstler I-II* (1790-92).

brede fremstillinger af en *musikkens historie* blev skabt i slutningen af 1700-tallet og begyndelsen af 1800-årene. Det er de "gammelklassiske" musikhistorier af Giovanni Battista Martini, John Hawkins, Jean B. de La Borde, Charles Burney og Johann Nikolaus Forkel.

– Øjenvidneberetninger af alle mulige slags, hvori musik eller musiceren indgår og hvoraf man kan skaffe sig nærmere indblik i, hvordan musik har indgået i menneskers tilværelse, og ikke mindst hvordan musik har "taget sig ud". I denne sammenhæng også billedmæssige vidnesbyrd, der spiller en ret væsentlig rolle, f.eks. som kalkmalerier i kirker, genre- og portrætmaleri, bogillustrationer osv.[70]

– Klingende dokumentation, der dog kun hører en senere tid til: Denne fase i musikkens historie begynder i slutningen af det 19. århundrede med lanceringen af fonografen, siden fulgt af grammofonen, båndoptageren og efterhånden diverse andre mere sofistikerede medier. Dette felt giver til gengæld en maksimalt objektiv registrering af de rent musikalske realiteter.

Til alt dette hører der en 'hjælpedisciplin': kilde- og tekstkritik; den ses ofte fremstillet i teori og i praktisk eksemplificering under den faglige betegnelse *historisk metode*.[71]

Og endelig – ikke at forglemme – musikken selv i dens skriftlige former. Satser, værker, genrer, *œuvres*.

Alt dette er kun anført i fugleperspektiv (med andre ord uden at gå nærmere i detaljer), og i den forbindelse

---

[70] Jf. flerbindsværket *Musikgeschichte in Bildern*, udgivet af H. Besseler og M. Schneider. Leipzig 1962ff.

[71] Kendtest her til lands er Kr. Erslev: *Historisk Teknik. Den historiske Undersøgelse fremstillet i sine Grundlinier*. 1911, 2.1926 samt flere senere udgaver.

for at gøre det tydeligt at musikhistoriens materiale, og arbejdet med det, pr. tradition og navnlig tidligere har været betragtet først og fremmest ud fra en *antikvarisk* synsvinkel. I mere moderne tider, dvs. fra omkring 1830 og ganske langt frem i tiden, har den videnskabelige håndtering af historiske kilder ikke kun bestået i indsamling og sortering af alt sådant kildemateriale; nu blev også en grundig vurdering og efterprøvning af kilder ('tekster') og deres udsagn afgørende momenter i arbejdet.

Ganske vist er dette, som jeg også her nøjes med at beskrive i helt få ord, stadig en grundlæggende videnskabelig arbejdsform. Det kaldes *filologi*. Den har dog med tiden måttet indtage en mindre fremtrædende plads som noget forberedende i forhold til mere centrale anliggender. For eksempel som editionsvirksomhed.

Filologi er for længst ikke mere den mest almindelige arbejdsmåde inden for faget, og da slet ikke den mest avancerede. Det er med andre ord hverken det karakteristiske træk ved vores normalvidenskab (for at bruge et begreb af videnskabshistorikeren Thomas Kuhn[72]), endsige da for dens udfordrende instanser. Og hvad der særlig skal fremhæves: det gælder heller ikke længere for den grundlæggende tilegnelse af musikvidenskabens hovedelementer. Også for den studerende, med andre ord, er situationen fundamentalt en anden.

Dette skal jeg komme nærmere tilbage om lidt (s. 96f.). Men inden da vil nogle grundlæggende bemærkninger om den historiske bevidsthed være på sin plads. Jeg tager afsæt i et berømt udsagn af en af de store gamle

---

[72] *The Structure of Scientific Revolutions.* Chicago 1964.

tyske realhistorikere, Johann G. Droysen (1808-84); det fremstår med et præg af et historisk *fundamentale*, en grundsætning:

> Det, som var, interesserer os ikke af den grund at det *var*, men fordi det i en vis forstand endnu *er*,

– hvortil han straks knytter forklaringen: " [...] idet det stadigvæk virker".[73]

Dette står i en vis, skarp modsætning til videnskabshistorikeren Helge Kraghs udtalelse: "Den historiske (eller historiografiske) erkendelsessituation er umiddelbart speciel derved, at den vedrører viden om noget, der ikke eksisterer, nemlig fortiden."[74] Den (givetvis pointerede) skepsis som her er udtrykt kan dog med lethed fejes af bordet som et rent logisk paradoks.

Så derfor: tilbage til Droysen. I citatet skilte jeg hans afsluttende begrundelse delvis fra, fordi den i dag ikke nødvendigvis vil forekomme indlysende. Hvad det ellers nok har været hans hensigt at gøre, netop gennem disse sidste fire ord. Hans argument kan let (mis)forstås som en påstand om, at historiske hændelser er at betragte som en slags kraft der fortsætter som påvirkninger i senere tider. Hvad de da måske også gør, men i så fald kun udsnitsvis; og det har næppe været det afgørende for den 'interesseskabende' virkning, Droysen har haft i tankerne. Så lad os vende tilbage til hans rene påstand, uden den afsluttende bisætnings forklaring.

At det fortidige stadig er til stede, det gør sig for en historisk bevidsthed mest manifest gældende netop i kraft af at det påkalder sig *interesse* hos senere eksiste-

---

73 J.G. Droysen: *Historik*. Darmstadt (5.udg.) 1967, s. 275. (Mine kursiveringer.)

74 H. Kragh: "Hvad er videnskab?", in: Hans Fink m.fl.: *Universitet og videnskab*. Kbh. 2003, s. 145-192 (her s. 173f.).

rende. Denne interesse kan være af forskellig art og skabes på forskellig måde.

For det første, fordi der fra tidligere tider foreligger genstande, dokumenter og andre vidnesbyrd, der alene eller allerede som materiale vækker en elementær menneskelig nysgerrighed. Den kan melde sig ved at et historisk felt (en sammenhæng af fortidige begivenheder) fremtræder, gennem rekonstruktion, som en fortælling der oprulles for én og holder én fangen, når man gennem studium fordyber sig i det. Ser man mere teoretisk på dette historieaspekt (som rummer noget af det mest generelle ved sagen), er denne *narrative* sammenhæng ikke, så meget som ordet 'fortælling' antyder, at anse som en lineært sammenhængende beretning. Den er et resultat af et begrænset *udvalg* af hændelser og stoflige "kendsgerninger", som historikeren har foretaget og givet en form der korresponderer med vedkommendes opfattelse af en *strukturel betydning* (på tysk snarest: *Bedeutung* fremfor *Sinn*, mening) i den stoflige og begivenhedsmæssige mangfoldighed. Og denne "filtrering" forbinder sig ofte med oplevelsen af noget der ligner en transponering i tid, i retning af nutid.

For det andet – mindre umiddelbart fængslende – kan interessen "åbenbare" sig efter et stykke tid: Man har haft *til opgave* (mere end som tilbud eller selvvalgt beskæftigelse) at sætte sig ind i en historisk sammenhæng, et emne; og nu opdager man, at af en mærkelig grund begynder stoffet, opgaven, at interessere én. Det fænger, og snart brænder der "en åndelig ild"; noget man ikke ville have troet på forhånd. (På fransk har man et ordsprog for det: *L'appetit vient en mangeant.*)

Dette tyder ligeledes på eksistensen af en art historisk "instinkt" eller en medfødt interesse, og den er, akkurat som oplevelsen af historieforløbet som en fortælling, forbundet med en grad af indlevelse i fortiden. Som altså dermed "i en vis forstand endnu *er*": den får også en nutidig karakter.

Så meget om historien generelt, det vil sige vedrørende de omstændigheder der er fælles for realhistorien (verdenshistorie, Danmarkshistorie, økonomisk historie etc.) og de mere specielle arter af historie. Dem kommer jeg nu til.

For musikhistorie (og andre tilsvarende: kunst-, litteratur-, teater- og filmhistorie) er, udover hvad der blev sagt ovenfor, på en anden måde nutidige i betydningen: nærværende. Derved nemlig at dens materiale, de særlige historiske kendsgerninger, som er *æstetiske*, på en helt anden måde end den samfundsmæssige histories data, angår os *direkte*. Musikhistoriens særlige manifestationer: kunstværkerne først og fremmest (generelt udtrykt: de æstetiske frembringelser), er i større eller mindre grad en faktisk del af vores nutidige liv; på en sådan måde at vi ikke kan forestille os at være uden dette "stof". (Enkelte kan måske nok undvære musik, men i så fald næppe litteratur eller film, og så fremdeles.) De æstetiske historieformers aktualitet har kort sagt en fundamentalt anden begrundelse og er navnlig af en anden, mere intensiv art end den der kendetegner realhistoriens stof og dens "liv".

Endelig vil jeg anføre en mere speciel tankegang til støtte for historiens aktualitet. Den omfatter enhver type af historie, og den skal forestille at være specifikt moderne.

Vi hævdes at leve i en globaliseret verden; hvad man så end synes om dén. En verden, der på grund af diverse historiske omstændigheder har sin særlige karakter. Og i en vis forstand gør et tidsspecifikt forhold sig gældende her: det er også tiden, vor tid, der er blevet globaliseret. Eller det er verden, forstået som den "globale landsby" (som mediefilosoffen Marshall McLuhan taler om), der har gjort noget ved tiden, eller rettere sagt ved vores tidsopfattelse, som svarer til denne globalisering.

Tiden og dermed historien er, som vi begynder at kunne forstå dem på en anden måde, ikke blot noget vi forholder os til på en lineær skala: fortid —> nutid —> fremtid (eller fortid <— Nutid —> fremtid). Den har, når vi tænker efter, også en flerdimensional, rumlig karakter: er netop global, samlet. Komponisten Bernd A. Zimmermann (1918-70) opfattede tid som 'kugleformet' og komponerede i sceniske sammenhænge ud fra denne grundopfattelse: stilpluralistisk og med en samtidighed af både tidsligt og rumligt forskellige, ud-differentierede handlingsforløb. Det kendteste eksempel herpå er hans hovedværk, operaen *Die Soldaten*, fra 1965.

Efter denne anskuelse bliver hele fortiden – eller i det mindste de udsnit vi koncentrerer blikket og vores forståelsesapparat om – nærværende. Og de bliver, udtrykt blot en lille smule tilspidset, til noget samtidigt.

*

Men nu tilbage til den trådende jeg efterlod, da jeg begav mig ud på denne udflugt op i de lidt højere luftlag.

Dagens musikvidenskabelige studerende må nødvendigvis have en helt anden opfattelse af denne videnskabs 'apparat', end den der gjaldt på Guido Adlers tid, og som han refererede til, da han i 1891 blev bedt om at komme med råd vedrørende et egnet indgangskursus til et musikvidenskabeligt studium. Som den bedste forberedelse anså han et kursus i latinsk palæografi (altså et studium af latinske litterære kilder) og derefter deltagelse i enten et historie- eller et sprogseminar (for begges vedkommende af videnskabelig, kildekritisk art). "På denne måde", mente han, "lærer man bedst *apparatet* at kende."[75]

Men det var som nævnt dengang, for 125 år siden. I dag er den tid er for længst forbi, hvor en mere eller mindre direkte, praksisbetonet adgang til faget (eventuelt historisk-filologisk forberedt) var en mulighed. Og det var den reelt også kun på den præmis at det lod sig gøre, direkte at kombinere *learning* med *doing*. En sådan situation bestod kun så længe det faglige terræn endnu havde præg af et uopdyrket land, hvor der kunne gøres nye opdagelser overalt, og hvor der var et stærkt behov for oprydning og overskuelighed i samme nærmest grænseløse omfang. Det var bare med at tage fat, efter at man hurtigst muligt havde skaffet sig støtte i grundlæggende filologiske og historikermæssige forudsætninger.

Hvor længe kan denne situation tænkes at have været gældende? Joseph Kerman kaster i sin bog *Contemplating Music* et blik tilbage på musikforskeren Oliver Strunk (Princeton University). Strunk var et usædvanligt eksemplar inden for sin stand ved ikke at lægge vægt på akademiske formaliteter; selv havde han ikke taget nogen som helst akademisk grad! Åbenbart lod han simpelthen sine studerende arbejde i tilknytning til sin egen forskning.[76] Men på det tidspunkt der her er

[75] Cit. efter Volker Kalisch: "Guido Adlers Musikwissenschaftsentwurf", in: A. Gerhard (Hrsg.): *Musikwissenschaft – eine verspätete Disziplin?* Stuttgart, Weimar 2000, s. 74.

[76] *"Anyone walked into any of his seminars, and in these he never offered or appeared to instruct;* [...] *he simply worked alongside the students."* (*Contemplating Music.* Boston 1985, s. 47.)

tale om, kort efter den 2. verdenskrig, er en sådan situation allerede ganske utypisk, og den var i virkeligheden kun tænkelig under den forudsætning, at de samme studerende sideløbende gennemgik et mere stramt akademisk skoleridt hos andre lærere i faget.

Alt dette skal nu ikke forstås sådan at nutidens studerende og forskere er "kommet for sent til toget", men at situationen, som før nævnt, grundlæggende er en anden end den fortidige. Og musikhistoriens status inden for faget har på sin side ændret sig. Uden at have mistet sin pondus afgørende er dette faglige hovedområde ikke længere dét helt centrale anliggende som det var før i tiden: Det er nok de færreste musikforskere i nyeste tid, der vil betegne sig som musikhistorikere, eller som vil mene at deres arbejdsfelt i alt væsentligt befinder sig på musikhistoriens område *specielt*.[77]

Hvad kan der ligge til grund for denne forandring?

– Måske en interesseforskydning: fra en udpræget *optagethed* af historien til en større eller mindre *indifferens* i forhold hertil. Der tales som bekendt, og gennem længere tid, om et 'historietab' eller en glemsel på dette område, en manko der ikke mindst gør sig gældende blandt unge mennesker. Helt så klar eller entydig er denne situation nok ikke. Men det er i hvert fald et faktum at for flertallet blandt de seneste mange årgange af musikstuderende (og formodentlig på samme

[77] Som repræsentanter på dansk grund kan dog anføres de københavnske professorer Jens P. Larsen, Nils Schiørring, Henrik Glahn og John D. Bergsagel. Desuden Inger Sørensen, med en række biografier om komponisterne J.P.E. Hartmann (inkl. fader og søn), Niels W. Gade og C.F.E. Horneman. Samt Ole Kongsted med mange publikationer omkring dansk musik (og geografisk videre: musik i Østersø-regionen) i 1500- og 1600-tallet.

måde med forskellige andre humaniorastuderende) har interesserne koncentreret sig om nutiden, og måske endda navnlig om ungdomskulturernes og mediernes manifestationer i dette snævre historiske tidsrum.

– Måske en mere generel, om end sjældent direkte udtalt *skepsis* med hensyn til historien som fastholdt eller genfremdragen erindring. Altså vedrørende historien som en 'stor' og sammenhængende 'fortælling' af autoritativ art. Heroverfor må man så forestille sig en indstilling der opfatter eller henholder sig til det historiske "univers" som en righoldig menu, hvor den enkelte er frit stillet til at vælge sig netop det der tiltaler vedkommende mest. Repræsentanterne for denne indstilling er i den forbindelse tilbøjelige til at lade den største del af historien ligge hen som en uvedkommende, uformelig masse, eller i bedste fald betragte den som noget man er mere eller mindre nødt til at skænke et mat nysgerrigt blik, og måske en enkelt prøvesmagning.

– Måske en lammende erkendelse af, hvilke uoverskuelige informationsmængder der efterhånden ligger dynget op, og som i stedet for at gøre én klogere nærmest på forhånd efterlader den enkelte i en tilstand af afmagt eller simpelt hen opgivelse. Men denne problematik vedrører ikke kun (musik)historiens stoflige kvantitet; den skyldes i lige så høj grad den massive tilvækst inden for en række omgivende fagelementer – analytiske bidrag, både specifikt tekniske og af reflekterende art: i sociologisk, kulturteoretisk, mediemæssig henseende.

– Eller måske en voksende tilslutning til et synspunkt som også ligger til grund for den nævnte informationsforøgelse på andre områder end det rent historiske (hvis man vil tillade en sådan reduktion af den faktiske kompleksitet, eller bedre: komplementaritet). Det synspunkt nemlig at de æstetiske videnskaber, som vores fag jo tilhører, ikke lader sig bringe i overensstemmelse med traditionelle historiografiske (dvs. historieformulerende) retningslinier. Her tænkes der på de forhold og vilkår der gør sig gældende for den almene histories, realhistoriens, vedkommende. Herom følgende betragtninger, hvoraf den første er den vigtigste.

Musikhistoriens data og fakta, dvs. dens materiale og dens kendsgerninger, er af en *anden* beskaffenhed end realhistoriens med dens begivenheder og handlinger. Musikhistoriens kendsgerninger er for en stor dels vedkommende *æstetiske produkter*, genstande der nærmest hverken lader sig "forklare" ligesom den almene histories hændelser, og som "virker" på en anden måde.[78] I konsekvens heraf er grænsen mellem musikhistorisk beskrivelse og æstetisk analyse mindre klar og entydig end det blev fremstillet før i tiden, under de dengang gældende antikvarisk-positivistiske aspekter: historien opfattet som en større sammenhæng, baseret på klassifikationer i stort og småt.

Musikhistoriens "opgaver" er i dag i det hele taget væsentligt anderledes end for et par generationer siden. Det skyldes for en stor del at musikhistorien, forstået som den "store fortælling" om den europæiske eller mere omfattende: den vestlige musiks udvikling, for længst står at læse i form af et antal "monumentalskildringer", samlede præsentationer af det mere eller (især) mindre totale billede af denne musik og musik-

[78] Jf. C. Dahlhaus: "Was ist eine musikgeschichtliche Tatsache?", in: *Grundlagen der Musikgeschichte.* Köln 1977, s. 57-73.

kultur.[79] Disse værker har i stadigt højere grad kunnet basere sig på en hele tiden stigende – og efterhånden helt uoverskuelig – mængde af monografier, biografier og artikler, kort sagt på specialfremstillinger. Og de er utænkelige uden denne enorme informative underskov.

Inden for den traditionelle musikhistoriske referenceramme er det simpelthen begrænset hvor meget *nyt* der efterhånden er at bringe til torvs, vel at mærke rent materielt anskuet. Den enkelte forfatters mangel på "totalviden" forhindrer det, i første række. Men mange detaljer i bredere musikhistoriske fremstillinger lader sig trods alt stadig korrigere, nuancere eller indpasse i nye eller større sammenhænge. Og heri ligger musikhistorikerens nuværende og fremtidige hovedopgaver.

Men samtidig må det også nævnes, at tiltroen til det relevante, tidligere helt selvfølgelige, ved musikhistorie som en "stor (samlet) fortælling" i løbet af det sidste halve århundrede er mindsket i væsentlig grad.

Alt dette behøver nu ikke være noget problem for den studerende, for hvem det – ikke meget anderledes end for de én til to generationer ældre – kommer an på at finde hans/hendes egen "rette plads" og selvvalgte opgaver inden for det musikvidenskabelige felt. I denne faglige udviklingsproces må man antage at en historisk forankring stadig vil spille en central rolle, men ikke nødvendigvis hovedrollen.

At uddanne sig i en videnskab indebærer, i dag mere end nogensinde tidligere, at specialisere sig – dét som her blev formuleret som at finde sine områder og opga-

---

[79] Af nyere (efter 1970) udkomne serier af disse slags kan anføres: *Neues Handbuch der Musikwissenschaft* (13 bd.); *Handbuch der musikalischen Gattungen* (15 bd.); *The Cambridge History of Music* (8 bd.).

ver. Dette retfærdiggør dog ikke at man i pragmatisk ivrighed afskærer sig fra alt eller fra det meste af, hvad der umiddelbart kan siges at ligge uden for det valgte specialefelt.

For det første hører det til et acceptabelt videnskabeligt niveau at være bredere orienteret end alene på et snævrere specialområde. Men lige så lidt som der i vore dage er nogen reel dækning for begrebet almen dannelse, kan man længere operere med dette begreb i en faglig sammenhæng. En bredere orientering må betyde: et grundlæggende kendskab til flere historiske felter, og først og fremmest en basal fortrolighed med musikhistorie i et vestligt kulturperspektiv. Hvis man tænker på den praktiske forskel mellem at råde over et aktivt eller et passivt ordforråd i en fremmedsproglig sammenhæng, tror jeg det bliver nogenlunde klart hvad der er ment med udtrykket 'tilstrækkelig bredde', hvad faglig historisk kompetence angår.

For det andet vil der altid – og det gælder ikke mindst for ethvert humanistisk emne – være flydende grænser mellem hvad der hører til et afgrænset specialområde og hvad der ligger udenfor. Her er det frem for alt den historiske orienterings- og beskrivelsesform, dén hvori tingene anskues i perspektiv, både bagud i tid og "til siderne", som grundlæggende disponerer for en sådan åbenhed.

Og endelig, for det tredje, vil der i forbindelse med ethvert afgrænset fagfelt til stadighed være diskussioner i gang omkring teorispørgsmål og metodiske positioner. Også de vil medvirke til at holde grænserne mellem dette og beslægtede områder principielt umarkerede, og umulige at fastlægge.

Der er altså tale om et stort og kompliceret område, hvordan man end opfatter musikhistorien: om man betragter den som et studieobjekt i sig selv eller mere som folie omkring nærmere afgrænsede, og typisk analytisk prægede, musikvidenskabelige opgaver og problemstillinger. Musikhistorien kommer man aldrig udenom, og heller ikke nogen sinde til ende med, i sit studium; og for resten heller ikke i det videre arbejde. Så man kan lige så godt fra starten tilegne sig nogle arbejdsgange der kan blive nyttige ledsagere for én undervejs.

Allerførst må man naturligvis sørge for at skaffe sig en grad af overblik. I hvert fald over vestlig kunstmusik, og rimeligt nok (og i dag nærmest selvfølgeligt) over det 20. århundredes populærmusikalske strømninger. Hertil måske også noget kendskab til folkemusik, eventuelt i en form for sammenhæng med de andre nævnte emneområder.

Det bør skabe en nagende følelse af utilstrækkelighed, og vil med tiden blive en stærk hæmning i et seriøst studium, hvis der ikke bare – som det er uundgåeligt – er tomme huller og en hel del kun overfladisk dækkede felter, men ligefrem store hvide områder på ens musikhistoriske verdenskort. (Jeg husker for eksempel, hvor pinligt et indtryk det gjorde på mig, da en yngre fagkollega – universitetsansat – for mange år siden helt uanfægtet spurgte under et foredrag, hvad den omtalte *frottola* var for en ting.)

I første omgang er det de mere håndterlige musikhistoriske oversigtsværker der er brug for. På dansk er der navnlig to sådanne fremstillinger – de er velkendte og lader sig begge forkorte GMH – som kan bruges; ikke mindst fordi er meget forskelligt konciperet og derfor supplerer hinanden på en nyttig måde. En lignende forskel finder man mellem to engelsksprogede musikhistorier, af henholdsvis Donald J. Grout (efterhånden videreført og bearbejdet af Claude V. Palisca) og af Richard Taruskin.

Hvad man nu end bygger sit helt grundlæggende musikhistoriske kendskab op på af bøger: et sådant overbliksskabende studium vil dog blive tørt og kedeligt, og desuden alt for abstrakt og i virkeligheden ret uanvendeligt, hvis ikke det går hånd i hånd med et stærkt forøget *repertoirekendskab*. Det er kapitalt vigtigt at få kendskab til en stor mængde musik, som er blevet hørt ofte nok til at det meste har fæstnet sig i hukommelsen. Så man altså kender musikken godt nok til at man *gen*kender den, eller dens kontekst, når den høres, og helst sådan at man også kan identificere den så nogenlunde. Om ikke ligefrem selve værket (musikstykket) med en vis nøjagtighed eller tilnærmelse – det er simpelthen irrelevant –, eller komponisten der står bag, så dog dets omtrentlige datering og dets genremæssige tilhørsforhold, foruden en nærmere geografisk lokalisering. Disse identifikationsmomenter tilsammen betegner i realiteten en udfordring som det kræver et langt og regelmæssigt studium at indfri.

Det repertoire, som man på denne måde skaffer sig kendskab til, må naturligvis gerne være betydeligt mere fintmasket på bestemte områder, og i andre sammenhænge begrænset til færre, traditionelt set repræsentative eksempler. I modsætning til det musikhistoriske overblik, som man stadigt vanskeligere bliver i stand til at forøge nævneværdigt, så længe man altovervejende holder sig til samlede fremstillinger, er der langt videre rammer for udvidelsen af ens erfaringshorisont ved en fortsat forøgelse af ens musikalske repertoire. Det samme gælder m.h.t. studiet af speciallitteratur.

Og endelig er lytning jo en ganske behagelig form for arbejde! Det må derfor stærkt anbefales den studerende at give megen tid (mere end energi!) til denne del af studiet. Samt at en del af dette arbejde gøres i form af egen musikudøvelse: ved klaveret, gennem sammenspil og i kormæssig eller anden vokal sammenhæng.

Det som det må komme an på i studiets begyndelsesstadier, grundlaget for senere, mere produktive opgaver, er – i kort begreb – at arbejde hen imod at det historiske stof på langt sigt udvikler sig til at blive en slags *levende organismer* for én. Det tredje "ben" i dette studium er derfor naturligvis læsningen af uddybende stof: bio- og monografier samt diverse specialartikler, herunder måske også nogle af mere historieteoretisk art. Alt sammen for at gøre det historiske felt og studiet af det mere nuanceret og facetteret, kort sagt: mere *virkeligt*.

Formålet med det hele er at gøre så mange enkeltelementer som muligt *aktive*. Det vil sige at de gøres bevidste, vinder større klarhed og i det hele taget får en plads inden for ens erfaringshorisont, bliver til viden. Det indebærer at ikke kun de selv, men samtidig – eller senere – også *andre* elementer bliver belyst af disse erfaringer. Så de fremtræder i en større sammenhæng og i klarere og mere interessante nuanceringer, end hvis de blot bliver ved med at være tørre *data*. Det kommer an på at skaffe sig et fodfæste i et afgørende vigtigt anliggende for studiet af musikvidenskab: det der består i en indsigt i og videreformidling af en kulturel tradition, med musikkens kunst som omdrejningspunkt.

Men 'tradition' forstået ikke så meget som en rød tråd eller et mønster, for ikke at tale om grundmønster. Mere som en mangfoldighed af mindre konstellationer med *kontingens*[80]: historiske "sammenhænge" som må beskrives gennem redegørelser for musikalske teknikker og for de æstetiske og kulturelle rum og former, som musikken har udfoldet og udfolder sig i.

Anskuet på denne måde, i dette perspektiv, bliver musikhistorie ikke så meget at opfatte og at optegne som en samlet, fremadskridende bevægelse (udtrykt i den bestemte form: histori*en*), men som nuancerede interaktioner af de mest forskellige slags. Og tilegnet efter en sådan forskrift, snarere end efter den ældre opfattelse af historien som én sammenhæng der skal forklares eller udlægges "systematisk", vil man lettere nå til – måske – en skønne dag at betragte sig selv som veludrustet nok til, at man føler sig parat til at indtage en plads i det vidtstrakte og brogede musikvidenskabelige arbejdsfelt.

7 · Erkendelse – forklaring og forståelse

ET KAPITEL af mere generel kundskabsteoretisk karakter kan måske nok blive en tung affære; men det kan dårligt undværes, når det handler om et videnskabeligt accentueret studium. Og Musikvidenskab er, som enhver anden videnskab, forpligtet på at etablere viden i en bevidst og velstruktureret form.

---

[80] 'Kontingens' er, lidt smart formuleret, alt det "som kunne være anderledes, men som tilfældigvis ikke er det" (Helge Kragh, jf. fn. 74; dér s. 176). Se i øvrigt den anderledes begrebsforklaring i Poul Lübcke (red.): *Politikens filosofi leksikon*. Kbh. 1983, s. 345 f.

Hvor erkendelsesmæssigt "sikker" denne viden så kan siges at være, står strengt taget oftest hen i det uvisse, eller i det mindste til diskussion. Så derfor, udtrykt med en formulering der både er forsigtigere og som holder noget mere stik: Det handler om erkendelse der rækker videre end til en ordnet præsentation af empirisk materiale, data. Dette vil sige en erkendelse der ikke er begrænset til en ophobning af iagttagelser af faktamæssig karakter.

Dette krav om en *konsistent* vidensform har konsekvenser både for videnskabens resultater og for måden eller måderne den præsenterer sig på, dens sagsfremstilling. For begges vedkommende gælder det, at de er afhængige af nogle overordnede regulativer. De kan, lidt forenklet sammenfattet, benævnes som metoder og – bag dem – erkendelsesteorier (eller forståelsesformer). Disse er igen forbundet med (ofte mere eller mindre ubevidste) filosofiske baggrundsmatricer med forbindende tråde til æstetik, til psykologi og til ideologiske mønstre.

Særdeles kompliceret altså. Men hierarkisk opstillet, og ovenfra taget: filosofi (grundanskuelse) · erkendelsesteori (*epistemologi*) · metodologi (*heuristik*) · metode eller praktisk fremstillingsteknik.

For nybegynderen i et musikvidenskabeligt studium må problemet med at nærme sig en videnskabelig fremgangsmåde i første omgang indsnævres en del. Alene faglitteraturens, emnernes og det samlede informationsapparats omfang – m.a.o. den rent empiriske mangfoldighed og uoverskuelighed – gør en begrænsning og en forenkling nødvendig. I de faser af ens studier, hvor man går udover stadiet 'lektielæsning' (som det selvfølgelig også er nødvendigt at holde sig beskæftiget med, fortløbende), må det for længere tid især handle om en vis målbevidst orientering mod afgrænsede, veldefinerede og motiverede sagsområder (videnskomplekser). Og orientering skal her forstås som tilegnelse af forholdsvis lettilgængelig information.

Men ikke i form af kompilatorisk læsning alene! Det er måske et af kendemærkerne for den videnskabeligt stræbende studerende at hun/han ikke vil nøjes med at samle sig viden, men også tvinges til at søge efter en sammenhæng der giver en viden *mening*. Og dette vil sige (som det blev udtrykt tidligere med noget lignende ord) at angive forskellen mellem på den ene side rent opsamlet viden og på den anden side erkendelse.

Vi har vel alle – ældre som yngre, studerende såvel som forskere – erfaring med (eller i hvert fald en erindring om) denne både forvirrende og sært tillokkende situation, dén at ville "til bunds" i tingene. Samtidig med at man er sørgeligt klar over *hvor* dybt der er til bunden. Omtrent som det er sagt i lægen og digteren Erling Fischers aarhusianske studenter-festsang fra 1947:

> Universet er så vældigt, / livets løb er så tilfældigt, /
> og forgæves søger vi et sted at stå.

Fortsættelsen er mindre egnet til citat her, men jeg antyder den alligevel, til illustration af at der også findes et gode ved navn *die fröhliche Wissenschaft* (Nietzsche):

> Men når vi med hævet bæger / vore sanser vederkvæger, /
> kan det hele lissom meget bedre gå. Osv.)[81]

Vigtigt i ovenstående mere seriøse kontekst er det dog,

---

81 *In usum delphini. Carminum liber Arhusiensis.* Aarhus 1948, s. (14-)16. (Erling Winkels noget forknoklede marchmelodi kan, hvis man vil synge med på sangen, med fordel erstattes af min egen, mere letløbende. Se Appendiks 2 i nærv. skrift, s. 200f.)

at 'sammenhæng' ikke bliver opfattet i rent sagintern forstand. Erkendelse må på ethvert højere niveau også basere sig på *teori* herfor. Og først med en nogenlunde klar forestilling om hvordan erkendelse begrunder sig selv – på forskellige måder i ulige typer af videnskab –, og endvidere *hvordan* man selv bør gøre *hvad* i en erkendelsesskabende proces, får det videnskabelige studium, og siden hen frembringelsen af forskning, en fastere grund under fødderne.

For at begynde med det sidste (hvordan gøre hvad?), betyder det principielt at spørge efter en videnskabelig metode, eller måske (fornuftigere) efter metodologiske retningslinier. For det vil aldrig være tilstrækkeligt med én, mere eller mindre invariant fremgangsmåde; langtfra. Desuden er det – ikke mindst i nyere tid – blevet stadigt mere vanskeligt for ikke at sige umuligt at anvise en mere almen musikvidenskabelig metodelære.

I min studietid, i 1960'erne, blev der stillet forslag om afholdelse af et metodeseminar. Den daværende, på det tidspunkt eneste fungerende professor i faget afviste dog at tage denne undervisningsopgave på sig. Han begrundede sit afslag med, at musikvidenskaben ikke havde nogen bestemt metode (eller metodologi?). Det havde han egentlig ret i, men alligevel ...[82]

Følgen blev ikke desto mindre at et sådant seminar kom på benene, i et samarbejde mellem nogle få ældre studerende og et par af de yngste faste lærere. Og nok var jeg en af disse studenter; derimod hørte jeg ikke til blandt dem der viste sig at kunne bidrage med de klareste ideer til, hvordan et metode-

---

[82] En af de få grundbøger på daværende tidspunkt om dette emne var Guido Adlers temmelig forældede og i hvert fald knap nok brugbare bog *Methode der Musikgeschichte* (1919). I dag er litteraturen væsentlig mere omfattende og differentieret; navnlig vil jeg pege på Carl Dahlhaus' og Sten Dahlstedts bidrag (se litteraturfortegnelsen).

kollokvium (mere end undervisningsforløb) kunne struktureres på en rimeligt systematisk eller anskuelig måde.

Hvad har professoren mon ment skulle give hans mere stræbsomme studerende det nødvendige metodiske rygstød? Hans tanke har nok været at en sådan ballast lige så godt, om ikke bedre, kunne opnås gennem et individuelt studium af forskellige musikvidenskabelige autoriteters eksemplariske forskningsbidrag. Sådan kom det stort set også til at foregå, hvad min egen læreproces angår, før de egentlige, større opgaver efterfølgende meldte sig. Fremgangsmåden kan ikke ligefrem kaldes systematisk – tværtimod må den få en vis labyrintisk karakter. Men det er dog ganske bestemt, uanset dens om- og vildveje, også en gangbar måde at skaffe sig en vis kompetence i erkendelsesanliggender og i praktisk tilvejebringelse af videnskab.

En anden, i alt væsentligt lignende men måske mere effektiv vej til metodologisk og teoretisk bevidsthed, og dermed til et fundament hvorpå man etablerer videnskabelig metode i forskellige arbejdssammenhænge, går via *forskningsbaseret undervisning*. Denne formel lyder som en helt naturlig sag i den akademiske verden: det er en del af universiteternes selvforståelse, som der nødigt gives afkald på, ikke mindst i retorikken.

Historisk betragtet hører begrebet til inden for det såkaldt Humboldt'ske universitets selvforståelse.[83] Denne universitetsform er i sin egentlige skikkelse for længst under afvikling som "utidssvarende"; men her kan det alligevel være på sin plads at anføre en af de væsentligste og stadig ikke helt opgivne tanker bag denne 200 år

---

83 Se f.eks. Jens E. Kristensen: "Det moderne universitets ide og selvbeskrivelse gennem 200 år", in: J.E. Kristensen m.fl. (red.): *Ideer om et universitet*. Aarhus 2007, s. 23-71, især s. 51 ff.

gamle tradition: At en undervisning der er baseret på lærerens forskning (og forskningserfaring i bredere forstand) ikke mindst tjener til at udvikle deltagernes faglige niveau i refleksiv og metodisk henseende.

Det bærende synspunkt i denne sammenhæng er *enheden mellem forskning og undervisning*. Den kommer rent praktisk til udfoldelse på grundlag af følgende overbevisning: Beskæftigelsen med et for så vidt vilkårligt fagligt emne – mere konstruktivt udtrykt: med et eksemplarisk tilfælde – under en forskers vejledning og med studenterne som aktive deltagere, vil fremme evnen til at behandle *andre* problemstillinger, både af lignende og mindre beslægtet art, på en kvalificeret måde eller mere præcist sagt: videnskabeligt.[84]

I det større perspektiv er det væsentlige herved det selvstændiggørende aspekt af den studerendes lærdomsproces. Det er da også på dette grundlag at *seminar*-begrebet skal forstås: som et – jævnfør dette ords etymologi – forum for en *såning* og dermed en vækst af ideer og ny viden. Til forskel fra det mere skoleprægede begreb *kursus* (som egentlig blot betyder 'forløb', oprindelig endda f.o.fr. et hurtigløb, gennemløb). – Begge disse former praktiseres naturligvis inden for nutidens, det efterhånden post-Humboldt'ske universitets undervisning.

I Jürgen Habermas' kritiske gennemgang af dette dannelsesidealistiske universitets lange forfaldsproces (hvad angår *ideen* om et universitet) er det også netop dette kommunikative fællesskabs moment han stadigvæk vil fastholde og forsvare, trods alle reservationer i øvrigt:

---

[84] Jf. Friedhelm Krummacher: "Werkbegriff und Wertproblem", in: *Svensk tidskrift för musikforskning*, vol. 57, 1975, s. 39-47 (s. 40).

> [...] Videnskabelige læreprocesser [bibeholder] stadig noget af deres oprindelige universitære form. De lever alle af den stimulations- og produktivkraft ved den diskursive strid, som det overraskende arguments *promissory note* [forpligtende erklæring] fører med sig. Dørene står åbne, hvert øjeblik kan et nyt ansigt dukke op, en ny uventet tanke træde ind.[85]

Alligevel: når der arbejdes på denne måde inden for en konkret emnemæssig ramme, vil egentlige *erkendelsesteoretiske* synsvinkler sjældent fordre konkret opmærksomhed; de befinder sig på et vel ikke ligefrem abstrakt, men dog på et overordnet plan i forhold til de mere nærliggende, praktisk relevante spørgsmål der melder sig – eller som bør melde sig –, og som der må tages hensyn til i en viden-skabende proces. Alle sådanne forhold hører ind under metodologi hhv. *heuristik.*[86] — Jeg anfører, som et eksempel herpå af mere almen karakter, dén fornuftige forskrift: at opsøgelse og udvælgelse af kilde- og andet empirisk stof bør foretages ud fra en skitseret overordnet hypotese (ræsonnement) eller et netværk (evt. hierarki) af hypoteser.

Men heuristik kan ikke reduceres til et sæt af spilleregler (som dette eksempel og fodnoten kunne antyde).

---

[85] J. Habermas: "Die Idee der Universität – Lernprozesse" (1986). Cit. efter den danske overs. in: J.E. Kristensen m.fl. (red.): *Ideer om et universitet.* Aarhus 2007, s. 195-211 (s. 209). Se også hans henvisning til Fr. Schleiermacher, s. 208, og endelig det citat af Habermas, jeg bringer i Appendiks 1 i nærv. skrift, s. 199.

[86] Der skelnes i teorien undertiden mellem 'positiv' og 'negativ' heuristik. Den sidstnævnte, der omhandler regler for hvad man skal *undgå* (af fejltagelser, fejlslutninger etc.) i en videnskabelig arbejdssammenhæng, spiller en ret underordnet rolle i forhold til den egentlige (positive) heuristik. Et eksempel på en forskrift af negativ heuristisk art er advarslen mod fejlslutningen: *Post hoc, ergo propter hoc.* Oversat: [den principielt forkerte antagelse at] når noget følger efter noget foregående, foreligger der en årsagsfølge, en virkning af denne tidligere hændelse eller frembringelse.

Et heuristisk indslag af mere *direkte* karakter kan undertiden identificeres i en videnskabelig fremstilling som et særligt afsnit, hvor der i nogen grad gås "bag om" empirien og udfoldes et intenderet erkendelsesskabende *perspektiv* for emnets behandling. (Som et eksempel fra mit eget virke kan jeg henvise til kapitel II: "Einfühlung und Abstraktion" i min disputats.[87])

For en musikvidenskabelig praksis (og i studiet heraf) er nogle af de væsentlige heuristiske momenter af mere praktisk karakter og er også knyttet til mere konkrete størrelser. Det gælder for eksempel, og ikke mindst, området *kilder* (jf. her side 89ff.). Det samme gælder naturligvis for alle øvrige åndsvidenskaber (og i nogen grad også på områder uden for de humane videnskaber).

For en kilde er ikke "bare" en kilde; dvs. den ene er ikke uden videre lige så god som den anden; tværtimod: Kilder er, da de så godt som altid har pendanter af den ene eller den anden art, forskellige m.h.t. status og vægt, er kort sagt af ulige betydning eller værdi.

De inddeles, når der (hvad der gælder som hovedregel) foreligger flere af slagsen, i primær-, sekundær- og eventuelt i yderligere grad afledte, mindre entydigt autoritative kilder. Et originalmanuskript har en given status som primærkilde, f.eks. i forhold til en afskrift af originalen. En trykt (publiceret) udgave af originalen er ligeledes sekundær – uanset at trykket kan være mere fejlfrit end den oprindelige kilde (hvad der ofte viser sig når man tager fat på arbejdet med videnskabelige nyudgivelser). Af "tertiær" rang er f.eks. en kilde som ikke

---

[87] *Zwischen Einfühlung und Abstraktion. Studien zum Problem des symphonischen Typus Anton Bruckners.* Aarhus 2002, s. 115-147. (En version på dansk (1998) er tilgængelig på Æstetikbiblioteket, Aarhus Universitet.)

gengiver originalen i dens fulde udstrækning; hyppigt i forbindelse med citater eller referater af litterære kilder, f.eks. breve, (officielle) dokumenter, eller forskningsmateriale der er baseret på eller refererer til kilder med en højere status (rent filologisk) end den pågældende forskningsmæssige bearbejdelse.

Desuden taler man undertiden, i forbindelse med et kildehierarki, om en *hovedkilde,* som ikke nødvendigvis er identisk med primærkilden, originalen. For eksempel har Johannes Brahms selv givet sine egne 'håndeksemplarer' af de trykte værker, hvori han har foretaget rettelser (det kan dreje sig om mere end bare trykfejl), status som hovedkilde, forstået som 'sidste hånd på værket' og dermed den definitive "tekst".

Forskeren (og den studerende) må kunne bevæge sig rundt mellem alle sådanne kildeformer med en vågen bevidsthed om den relative status eller værdi af dem alle i deres indbyrdes forhold. Og for eksempel ikke drage konklusioner eller konstruere udsagn (hverken kategoriske eller mere hypotetiske) som foreliggende kilder med højere status, og som vedkommende kender eller burde kende til, vil kunne modsige og diskvalificere.

En i den forbindelse meget gammel, men stadig gyldig heuristisk regel siger: *En tese bør formuleres med den mindste rækkevidde i forhold til den dækning der gives ud fra givne kendsgerninger* (kilder m.v.). Frem for alt ikke med en *større* rækkevidde. Denne regel går under navnet *Ockams ragekniv.*[88]

Arbejdet med udnyttelse af kildemateriale kan imidlertid ikke begrænses til en *observation* af det kilde-

[88] Jf. f.eks. Poul Lübcke (red.): *Politikens filosofi leksikon.* Kbh. 1983, s. 322.

mæssige grundfond og hvad der derudfra kan udledes med nogenlunde sikkerhed. Eller mere fagteknisk: den heuristiske "situation" er – jf. også ovenfor – langtfra udtømt med en klarlæggelse af filologisk art: som en mere eksakt *tekstkritik*. Heller ikke selv om man supplerer den med inddragelsen af en hypoteseformulering. I hvert fald ikke når den videnskabelige opgave rækker længere end et beskrivende og elementært skelnende niveau, f.eks. udførelsen af en editionsopgave med tilhørende tekstkommenterende apparat.

Et andet lige så væsentligt moment, og i hvert fald i praksis langt det mest fremtrædende, er hvad man må kalde *diskuterende* kildekritik. Dette aspekt af den forskningsmæssige omgang med kilder kommer i spil omkring alt stof af den art som ikke har primærstatus (eller er kopier af sådant). De kan endvidere stort set betegnes som *litterære* kilder og især kilder af reflekterende art – på enhver tænkelig måde: videnskabelige (evt. også ikke-videnskabelige) redegørelser for et fagligt emne eller emnefelt, foruden andre principielt relevante udsagn herom. Her har vi at gøre med en mere diskursiv, fortolkende og ikke mindst *selektiv* omgang med sekundært kildemateriale, hvorfor vurderinger i meget højere grad gør sig gældende her. En stillingtagen er et langt mere åbent anliggende; tingene er og bliver her grundlæggende diskutable. Om dette vil der følge mere om en kort stund (s. 119).

Det er det *bredere* forskningsmæssige terræn der her er på tale. Ethvert forskningsemne vil være indlejret i en kontekst; og det net af relationer, som konteksten udgør, har to sider: Én der primært er givet med emnet eller 'objektet' selv (intet fænomen svæver frit i luften), og som vi for nemheds skyld kan kalde den *historiske* kontekst. Og en anden side, som primært er defineret gennem den forskningsmæssige omgang der finder sted og har fundet sted med objektet/emnet, og som vi med endnu en praktisk forenkling kan betegne som den *teoretiske* kontekst.[89]

Begge disse områder må den studerende – og også den uddannede fagperson – løbende beskæftige sig med. Her begynder ethvert studium af et afgrænset emne, hvad enten *from scratch* eller på et allerede delvis oparbejdet niveau. Og et særligt træk ved de humanistiske videnskaber er at faglitteraturen ikke i nær samme grad eller i samme tempo mister aktualitet med tiden, som tilfældet er på natur- og sundhedsvidenskabernes felter. En situation helt *from scratch* hører derfor til sjældenhederne. Og dermed er også navnlig den teoretiske kontekst ikke bare et udgangspunkt for enhver ny undersøgelse af historisk karakter eller på historisk basis, men den vil have en tendens til at ledsage den og udfolde sig som et stadigt – mere eller mindre præsent – sæt af dialogiske eller bedre: diskursive momenter i arbejdsprocessen.

Perspektiverne heri er flere. Det første, i denne forbindelse mest nærliggende, ligger på det konkret metodiske niveau mere end på et metodologisk (men det ene vil have konsekvenser for det andet). En vågen kontakt med et bredt faglitterært materiale vil med god sandsynlighed sikre imod at man forvilder sig ud i "særpositioner" der er usolide eller af tvivlsom relevans. Dette vil typisk følge af, at et historisk set dubiøst forståelsesperspektiv

---

[89] At disse to sider er viklet ind i hinanden er en sag for sig og kan let påvises: Den 'historiske' kontekst er allerede på et yderst tidligt stadium i sin dannelse formuleret som en begyndelse på en 'teoretisk'. Omvendt er den sidstnævnte historisk bestemt og formidlet i alle sine led.

har styret erkendelsesprocessen.

Som eksempel herpå (med afsæt i en nu afdød, analytisk skarpsindig kollegas arbejde) vil jeg omtale en gennemgang af Giuseppe Verdis *Rigoletto*, som han – i et formmæssigt perspektiv og i en psykologisk vinklet kobling med handlingsforløbet – helt centrerede i tonale relationsmønstre. Denne afgrænsning ville have været ulige mere relevant såfremt det havde handlet om et musikdrama af Richard Wagner (på dette område var vor kollega særdeles vel bevandret). Her kom grebet om stoffet imidlertid til at fremtræde i en skæv belysning, idet enhver reference til den italienske 1800-talsoperas fasttømrede formkodex, med dens forankring i tekstens (librettoens) skiftende stilniveauer og dens dertil hørende forskellige versemål, var helt fraværende. Om det nu var fordi dette traditionsmoment var ukendt for ham, eller han slet og ret tillod sig at se bort fra dette væsentlige, for ikke at sige nødvendige erkendelsesgrundlag, skal jeg lade være usagt.

Dette fører os igen i retning af mere fundamentale grundlag for vores forskningsområde, samt måden eller måderne at gribe det an på. Det viser sig – enten direkte eller, langt oftere, indirekte – at der til grund for enhver videnskab (eller videnskabsform) altid vil foreligge visse bestemte antagelser, som enten kan være primært heuristisk rettede eller som vedrører mere almene forhold, typiske for de forskellige videnskabs*former*: samfunds-, sundheds-, natur- samt humanvidenskab.

For nu at bevare forbindelsen til det foregående, nemlig til vores egen videnskabstype, er det karakteristisk (men ikke på nogen måde et universelt træk) at der argumenteres efter en *deduktiv* model, på et *empirisk* grundlag (sjældnere i form af strengt logisk deduktion):

Man udleder bestemte mønstre, tendenser, detaljer: *udkast* til en given, kompleks historisk formation, med støtte i en mængde erfarbare og iagttagne detaljer i deres indbyrdes forhold, i deres sammenhæng. Til forskel fra en konsekvent induktiv, dvs. mod *evidens* fremadskridende erfaringsmåde har vi her at gøre med en hypotetisk forklaring, der udgør en erkendt tentativt opbygget sammenhæng: en "empirisk ræsonnementsmodel".[90]

Det særlige ved denne erkendelsesform – med træk af både fornuftsmæssig art og af, hvad nogle vil finde mere eller mindre prekært (alene gennem fravær af verifikation) – fremgår af de styringsmekanismer der fungerer bag udvælgelsen og ligeledes vægtningen af det empiriske materiale som ligger til grund for deduktionen: Modsat hvad en induktivistisk doktrin forudsætter, går "teori", processuelt set, forud for systematisk empiri.

Der vil, sagt med et fint ord, herske *interdependens*, en indbyrdes afhængighed, mellem de erkendelsesmæssige elementer i et sagsforhold: mellem det "stofligt" givne og, i udgangssituationen, en "før-videnskabelig" indstilling over for dette materiale – hvortil så kommer forhåndshypotese(r), kildeudvalg, udspørgning af kilder samt den endelige hypotese i revideret form. Men i dette sammenfiltrede hele befinder der sig også noget som reelt ikke har været udsat for nærmere refleksion, men som istedet er *grundlæggende* antaget: den ovenfor nævnte før-videnskabelige indstilling. Det foregående eksempel fra et Verdi-studium kan tjene som eksempel af heuristisk art på dette. Og bagom "det alt sammen" gemmer der sig endelig:

---

[90] Jf. Sten Dahlstedt: *Fakta och förnuft. Svensk akademisk musikforskning 1909-1941*. Göteborg 1986, s. 15 ff.

Tre videnskabs-ontologier

Som det blev strejfet side 107, rummer enhver videnskabstype grundlæggende "sætninger" (*propositions*) eller antagelser, som i sidste instans ikke er begrundede og heller ikke bevisbare, hhv. falsificerbare. Det betyder at enhver hovedtype af videnskab har sin egen *metafysik* (hhv. ontologi); og som Sten Dahlstedt (jf. note 47 eller 90) derfor siger det: "man kan med god grund hævde at alle videnskabelige påstande forudsætter metafysiske antagelser." (Dér s. 14.)

Idehistorikeren Lars-Henrik Schmidt har udpeget tre sådanne videnskabs-ontologier[91]: (1) En naturvidenskabelig, benævnt som *epistemologisk* metafysik: da den på forhånd har lagt sig fast på *erkendelsesteori* som sin eneste målestok. (2) En samfundsvidenskabelig, hvis betegnelse kommer til at lyde mere tautologisk end det skal forstås: '*ontologisk* metafysik'. I kort forklaring: fordi denne videnskabsforms typiske, quasi-objektive, *statistiske* resultater prætenderer at udgøre faktiske og i den forstand 'værende' forhold. Og sidst (3) en humanvidenskabelig metafysik, som i Schmidts fremstilling betegnes som en 'social'; selv foretrækker jeg en anden karakteristik og siger: en *diskursiv* metafysik.

Med støtte i hans egen begrundelse. Den metafysiske basis for humanvidenskaberne tilsiger at grundlaget for deres gyldighed ikke kan begrænses af en given fremstillings rent faktamæssige uangribelighed grundet i teoretisk konsistens og deraf følgende procedurer. Det specielle kriterium for gyldighed består i stedet i fremstillingens vægt i argumentatorisk henseende, forstået

---

[91] L.-H. Schmidt: *Diagnosis I. Filosofiske eksperimenter*. Kbh. 1999.

som dens effekt m.h.t. at etablere *konsensus* (eller noget i retning heraf) om en konkret videnskabelig udlægning. Intet kan her *bevises*, og man vil ikke uden videre og ikke uden reservation kunne bruge en kliché der ofte ses i pressens sprog: "Ny forskning viser ..."; underforstået at sådan *er* det nu (for en statistik udviser det). Tværtimod: i humanvidenskab vil der, som Schmidt udtrykker det pointeret, "altid kunne menes noget andet".

Humanvidenskabelig teori og praksis peger derfor ideelt set i retning af en *hermeneutik* (med mindre man bekender sig til positivisme eller semiotik).[92] Den filosofiske hermeneutiks forudsætning er, at selve forståelsens "mekanik" og hvad der dermed essentielt gælder for en humanvidenskabelig undersøgelse, dels er et individuelt anliggende mellem en "tekst" og et subjekt – med en tilstræbt intersubjektiv stringens i forståelsens processualitet –, dels at forståelsens resultat er permanent undergivet en forandringens sandsynlighed. Dette konstituerer, såvel som bekræfter, en særlig diskursiv ontologi. Og kvalificerer den desuden, for så vidt som det er i overensstemmelse med de humanistiske undersøgelsesgenstandes og genstandsfelters væsensart. Helt som som det gælder, *mutatis mutandis,* for de andre videnskabelige metafysikker.

Det er derfor uholdbart at hævde et videnskabeligt hierarki, med fremhævelse af den ontologisk set stren-

---

[92] Mere hertil i kapitel 8 og 9. Men jf. også Hans-Georg Gadamer: "Jeg savner [mine kritikeres] anerkendelse af, at det er dette område: de overbevisende (og ikke de logisk tvingende) argumenters område, hermeneutikken har tilfælles med retorikken. Den hermeneutiske erfarings område er i virkeligheden lige så omfattende som [Jürgen Habermas'] fornuftige væseners samtaleberedskab." (*Sandhed og metode. Grundtræk af en filosofisk hermeneutik* [1960]. Aarhus 2004, s. 499. Fra forfatterens Efterord til 3. udgave, 1972.)

geste videnskabsform, den rent logiske (matematik) eller naturvidenskaberne, på bekostning af de humanistiske. "Naturen forklarer vi, den menneskelige verden forstår vi", har en af grundlæggerne af de nyere former for åndsvidenskab[93], Wilhelm Dilthey (1833-1912) sagt. Og med den tilføjelse at 'forklaring' er forbundet med opsøgelse af generaliteter, lovmæssigheder (eller hvad Wilhelm Windelband kalder nomotetisk videnskab); 'forståelse' derimod med en afsøgning og klarlæggelse af det unikke i menneskelige frembringelser og foreteelser (hos Windelband: idiografisk videnskab).

At gøre 'forklaring' i rent epistemologisk forstand til en for-rettighed og dermed et restriktivt kriterium for 'videnskab' er imidlertid ikke bare noget som forekommer i udbredt grad i dagligsproglig praksis. Det har også været en tendens inden for videnskabens verden, selv blandt udøvere af humanvidenskab. Her et eksempel:

I en stillingtagen til Ingmar Bengtssons bog *Musikvetenskap* (jf. fn. 1) gjorde Finn Mathiassen sig i 1975 til talsmand for musikforskningens foreløbige mangel på *egentlig* videnskabelighed:

> 'Fortolkning' og den dermed forbundne 'forståelse' befinder sig ligesom etableringen af empiriske data på et præliminært niveau som forudsætning for videnskabelig forskning. [...] 'Forklaring' er på sin side et krav der må stilles til enhver videnskab i stort som i småt [...], uanset om det drejer sig om naturen, mennesket, samfundet eller historien. Hvad der skiller

---

93 Bedre egentlig det tyske, af Wilh. Dilthey prægede: *Geisteswissenschaft*, blandt andet for at undgå en mulig forveksling af begrebet 'åndsvidenskab' og brugen af den samme glose, på dansk, om Rudolf Steiners lære, antroposofi. Et alternativ til det lige så brugbare ord humanvidenskab vil være: altid at anvende 'åndsvidenskab' i flertalsformen: åndsvidenskaber.

> videnskaberne er det specifike i deres kriterier for godkendelsen af deres resultaters, dvs. forklaringers gyldighed, eller m.a.o. det specifike i deres teoretiske apparat. Som det måske vil ses, implicerer dette at en stor del af de såkaldte humanvidenskaber, herunder musikhistorien inklusive musiksociologi, -antropologi, -etnografi, slet og ret ikke (endnu) er videnskaber. [...] Det afgørende kriterium på en given teksts videnskabelighed [er] garantien for at den bringer teoretisk forklaring på netop det virkelige forhold som den selv udpeger, at søge i den pågældende videnskabs teoretiske fundament.[94]

Den videnskab som Mathiassen her efterlyste, og også indirekte plæderede for, var vel den marxistiske *historiske materialisme,* der betegnes som denne ideologis videnskab (og den *dialektiske* materialisme som dens videnskabsteori).[95] En argumentation i den retning havde nok en vis slagkraft i 1970'erne (men kunne selv da ikke skabe nogen konsensus herom[96]). Og 20 år senere lod det til at hans grundlag havde ændret sig. Nu hed det f.eks. ligefrem: "Det er til syvende og sidst enhver fortidsforsknings lod at måtte gætte sig frem til sin viden, og her står DgF XI [...] som det langtfra ideelle, men [...] solidest mulige empiriske grundlag for kvalificerede gæt."[97]

---

[94] F. Mathiassen: "*Musikvetenskap,* musik og samfund", in: *Svensk tidskrift för musikforskning* 1975, s. 27. — Bemærk (som det fremgår af citatets midterstykke) at Mathiassen ikke udelukker eksempelvis musikteori som et musik*videnskabeligt* fagområde.

[95] *Op.cit.,* s. 28. Forfatteren beskrev (sst.) sin tekst som "et (yderst beskedent) forsøg i dialektisk materialisme".

[96] I en duplik bad Bengtsson om lov til *"most emphatically to differ."*

[97] F. Mathiassen: "Gammeldansk folketonalitet. En introduktion til studiet af de tonale forhold i *Danmarks gamle Folkevisemelodier* (DgF XI)", in: *Cæcilia. Årbog 1992-93.* Aarhus 1993, s. 101. – Det er tænkeligt at forfatteren med brugen af ordet 'forskning' ["fortidsforskning"] har villet markere en "kvalitetsforskel" i forhold til 'videnskab'.

Vil man fastnagle erkendelse i videnskabelig forstand, og i en strengere mening: som verificerbare eller falsifificerbare påstande, kommer man ganske rigtigt let i forlegenhed. Mere herom i det følgende kapitel. Både historisk-empirisk forskning og æstetisk analyse på empirisk grundlag vil for det allermeste befinde sig et sted godt til venstre på linien mellem "kvalificerede gæt" og "garantien for en teoretisk forklaring". Derfor gør man nok klogt i at forskyde accenten fra ord som 'garanti' som grundlag for *gyldighed* og i stedet tale om *værdien*[98] af humanvidenskabeligt arbejde.

Den værdikvalitet der her tænkes på er ikke af objektiv status – naturligvis ikke. Den er heller ikke så meget af en rent teknisk afsikrende art, men først og fremmest en kvalitet der kun tiltrædes på grundlag af en intersubjektiv "godkendelse". En sådan målestok vil nødvendigvis være af en vis abstrakt eller bedre måske: "blød" karakter. Men den vil på den anden side kunne *virke* med en vis sikkerhed – i praksis: som et rimeligt mål af konsensus i en forskerkreds (eller lignende faglig gruppering) om, at der i det givne anliggende er frembragt resultater man vil anse for at have skabt en videre eller dybere *indsigt* i et humant relateret spørgsmål eller område. Og afgørende herfor bliver her typisk enten den rent argumentatoriske bonitet ved pågældende bidrag eller – og helst tilligemed – at det åbner et nyt og videre perspektiv for fortsat lødig forskning. Men dette indebærer også at der altid, før eller siden, må ventes at ske justeringer og korrektioner af det tidligere forholdsvis vedtagne.

---

98 Ikke at forveksle med *nytte* i utilitaristisk forstand.

8 · Musikalsk analyse

DET ER IKKE tilfældigt at dette kapitel står som det sidste blandt de områder inden for de musikvidenskabelige kontinenter, hvor jeg med en vis autoritet mener at kunne komme med anvisninger. For hvad der her skal forstås, når jeg taler om musikalsk analyse, det er den mest komplekse mentale "kvittering" for de generøse gaver som en skabende kunstner har lagt frem til os, for at vi kan gøre os til gode med dem.

At bedrive analyse betyder, forstået sådan, ikke kun at skille en musikalsk helhed ad i mindre elementer (jf. den konkrete betydning af ordet), ved at gøre rede for udvalgte detaljer og sammenhænge inden for den føromtalte helhed. Det er lige så meget, eller snarere mere, det omvendte: en *syntese* af denne større eller mindre mængde af udvalgte analytiske "basisoperationer" til en anden form for helhed.

For at fastholde dette niveau i den aktuelle sammenhæng vil jeg i dette kapitel også gå helt uden om de former for analyse, som først og fremmest baserer sig på induktive fremgangsmåders katalogiseren.

Den ovenfor nævnte dobbelthed kan passende benævnes ved ordet *rekonstruktion*. I denne mentale og derpå sprogligt udtrykte omdannelse indgår desuden – når vi taler om analyse som noget der går udover rene øvelser i disciplinen – en række momenter af musik-, kultur- og faghistoriske omstændigheder. Disse omgivende forhold har, selv om de må stå i anden række, en vis betydning som belysende momenter i den analytiske rekonstruktion. De må – repræsenteret i et reflekteret udvalg der er bestemt af den givne opgave – betragtes som medvirkende faktorer. I hvert fald, hvis en analyse ikke bare kan siges at være udført stringent i rent teknisk forstand (som en kemisk analyse eller udførelsen af et kraftparallelogram), men hvis den også vil fremstå som meningsgivende, forstået som kulturformidlende ydelse. Dog vil der ofte, i en æstetisk analyse af rang, kun forekomme svage spor af eksterne forklaringsmomenter.

Det er alene når man skal i gang med at lære at analysere, altså i studiets begyndelse, at den studerende kan nøjes med at ana-lysere, opløse, musik: skille den ad og behandle dens enkelte elementer hver for sig, beskrivende og vurderende. Og der findes mig bekendt ingen pædagogisk metode, og da slet ikke en begyndermetode, til at analysere flerdimensionale musikalske sammenhænge (selv uden større kompleksitet) under ét, i samlet form. Vi ser endda her helt bort fra de ovenfor nævnte 'medvirkende faktorer'. Og det er der gode grunde til: det ville medføre uoverstigelige vanskeligheder, på begge sider af katederet.

Til den mere komplekse situation føjer sig, sidst men ikke mindst vigtigt, forskellige forhold af *semantisk* art: de ting der vedrører verbaliseringen af alle de relevante eller (i den praktiske sammenhæng) udvalgte iagttagelser der foretages i den givne analytiske/syntetiske arbejdsproces. I den forbindelse må vi skelne imellem verbalisering af hvad man kan kalde *konstaterbart* (dvs. af udsagn om stort set givne forhold, erkendelsesmæssigt) og formuleringer der er mindre selvfølgelige og derfor må betegnes som *interpretation*, af den ene eller den anden slags. Af mere eller mindre subjektivt anskuet art – men stadig med forankring i "teksten".

Uanset hvilken af de to former vi taler om, er semantik altså en medgiven faktor i enhver analytisk virksomhed. Hvad der bestemmer *kvaliteten* (essentielt og ikke normativt forstået) af analysens semantiske aspekt, det bunder i den givne individuelle, hvilket vil sige den konkret foreliggende, sammenføring af konstateringer, beskrivelser og tolkninger og dens eventuelle perspektivering. Denne 'kvalitet' kan næppe udtrykkes som en værdi inden for en skala der spænder fra 'falsk' til 'sand'. Heller ikke fra 'dårlig' til 'god' vil i denne forbindelse passe helt til det som det handler om. Den bedste bedømmelse placerer sig nok på linien fra 'snæver' til 'omfattende', og det sidste ord forstået som i nogen grad synonymt med 'rig' eller 'opklarende'. Men også en smalt fokuseret, i betydningen en pointeret analyse kan godt være perspektivrig.

Man kan vanskeligt tænke sig nogen form for musikalsk analyse uden at operere med et *formål,* hvis tyngdepunkt er forståelse af en slags. Og i sammenhæng hermed selvfølgelig gerne med en tilnærmelse også til en forklaring ("Hvorfor ...?: ... derfor"). Så bliver der med analysen udsigt til en vis videnskabelig bonitet.

På det område det her handler om må dette formål relateres mere til begrebet 'mening' end til 'betydning' (i den konkrete anvendelse af dette ord); jf. på engelsk: *meaning* mere end *significance,* på tysk *Sinn* frem for *Bedeutung.*

Den analytiske praksis forudsætter derfor et teoretisk grundlag. Eller snarere, og for det meste: der foreligger, gemt under denne aktivitet en metafysik (som der blev talt om i det forrige kapitel); eller i det mindste en forforståelse. Den kan være funderet på mange forskellige måder og mere eller mindre expliciteret, f.eks. i en opfattelse af musik som non-referentiel[99] – i mere eller mindre eksklusiv, kategorisk forstand: som *auto*-referentiel, altså udelukkende refererende til sig selv; i en ekstrem opfattelse: et helt lukket, rent-musikalsk referencesystem. Eller den kan omfatte forskellige, men fælles for disse: mere rummelige betragtningsmåder af musik som *bærer* af en mening der rækker udover et selv-referentielt indhold.

Selv forstår jeg mig som repræsentant for den sidstnævnte grundantagelse. Det skyldes blandt andet at den førstnævnte ontologiske platform ikke kan implicere andet end følgende to overhovedet mulige videnskabelige positioner: en renlivet og formalistisk nypositivisme eller en isolering i semiotisk henseende, til positionen: analyse af tegnsystemer. Med 'isolering' mener jeg at den semiotiske anskuelsesform er bundet til sit eget teoretiske apparat i så høj grad at den kun kan manifestere sig som musikalsk analyse i form af en art meta-analyse: ved at sætte semiotiske teorielementer i værk på et musikalsk materiale. Heri viser det "stærke" sig i den semiotiske teori: dens prætention om at udgøre en almen teori om kulturen: "Alle kulturaspekter kan stude-

---

[99] Udtrykket 'non-referentiel' bruges af Finn Egeland Hansen som hans grundbestemmelse af musik: *"My point of departure is that music is fundamentally a non-semantic, or better, a non-referential language."* (*Layers of Musical Meaning*. Kbh. 2006, s. 6.) – Måske er det så som så med denne "bedre" betegnelse, idet det kan virke som om forfatteren dermed abstraherer fra den så at sige overalt eksisterende inter-referentialitet der består mellem musikalske værker, og som resulterer i en broget mængde af – rigtignok langtfra entydig – referentialitet, der som en mulighed rummer ansatser til en semantik. At han dog næppe har denne abstraktion i tankerne, bevidnes af hans tilbagevendende henvisning til begrebet *stil* som vehikel for tilegnelse af den art af musikalsk *meaning* han står for.

res som kommunikationsindhold"[100] – men samtidig også dens begrænsning: i konkrete sammenhænge.

På denne baggrund vil jeg nu give mig i kast med en diskussion af det indledende kapitel i Egeland Hansens ovenfor nævnte bog *Layers of Musical Meaning* (jf. note 99). Jeg skal på forhånd bemærke at det følgende, ikke mindst på grund af dets udstrækning, må betragtes som en lang *exkurs*. Læseren kan derfor eventuelt springe afsnittet over og gå direkte videre til side 147: "Analyse som rekonstruktion".

Sagen er dog ikke helt uvigtig, og det gælder både i relation til dette og det forrige kapitels spørgsmål. Desuden har forfatteren efterlyst en stillingtagen fra flere sider til hans hovedsynspunkter; et ønske som vist endnu ikke er blevet imødekommet i større grad.[101] Og endelig vil diskussionen kunne ses som en *case study* i tekstkritik, en type af sagsfremstilling der ellers ikke gives mange eksempler på i nærværende bog.

Kapitlet jeg helt vil koncentrere mig om har overskriften *The Theory*; en teori som er grundlaget for bogens øvrige dele, og som er så "koncentreret" at den lader sig skematisere i en *model*, som jeg med forfatterens tilladelse gengiver på næste side.

Modellen og den tilhørende teoretisk forklarende tekst vil angive, generaliserende, hvordan musikalsk *meaning* genereres. Det sker sådan som forfatteren, efter alt at dømme ud fra en *scientistisk* indstilling, forstår dette begreb i sin egen videnskabelige afgrænsning. Og desuden med den indskrænkning at teori og model kun

---

[100] Umberto Eco: *Einführung in die Semiotik*. München 1972, s. 33.

[101] Bogen er anmeldt af Bengt Edlund; se *Danish Yearbook of Musicology*, vol. 35, 2007, s. 90-93.

opererer med den betydningsdannende mekanik i umiddelbart klingende sammenhænge: en perceptionsform som dér kaldes "the experience *in audiendo*".[102]

Alle elementer som er anbragt i de små bokse i modellen skal læses "nedad", kolonne for kolonne. De små bokse benævnt 'decoder' og 'comparator', og dertil 'INTEGRATOR', er at forstå som mentale instanser der virker i den musikalske (detail-) perception. *'Parole'* ('ord, tale') og *'Langue'* ('sprog') er traditionelle lingvistiske termer for et lavere og et højere niveau i sprogets struktur hhv. i betydningsdannelsen.

'Integrator'en opsummerer og strukturerer de forskellige "sprog-" eller meningsdannelser som finder sted ned langs de enkelte (her 5) kolonner. Altså i form af en sammenfatning i rytmisk/metrisk, melodisk/tonal, samklangsmæssig/harmonisk henseende (etc.) – eller med en generaliserende term: de forskellige *parametriske* (del-)strukturer, som hver for sig bidrager til den musikalske helheds meningsindhold.

Integratoren virker altså, heroverfor, med hvad man vel kan kalde en *diametrisk* funktion: Den integrerer indholdene på bundlinien (Langues) "på tværs".

decoder 1	decoder 2	decoder 3	decoder 4	decoder *n*
Parole	*Parole*	*Parole*	*Parole*	*Parole*
comparator	comparator	comparator	comparator	comparator
Langue	*Langue*	*Langue*	*Langue*	*Langue*

INTEGRATOR

Dette er en semiotisk model, og forfatterens teoretiske attitude er i det hele taget udpræget semiotisk bestemt.

---

102 *"I am concerned with the listener's experience while listening to the music, [...] not the experience of the reviewer [...] Nor is it the musicologist's analytical interpretation of the music".* Op.cit. s. 6; s. 5.

At skemaet, og visse dele af hvad Egeland Hansen siger i tilknytning til sin model og teori, muligvis mere leder tanken hen på den måde en computer virker på – læs f.eks. hans beskrivelse af den rytmiske dekoders virksomhed (s. 16) – end på en menneskelig bevidstheds forunderlige oplevelse af et æstetisk objekt såsom et musikalsk kunstværk, skal ikke bevirke nogen afskrivning af en musikteoretisk relevans. Kapitlets udformning er tydeligvis bestemt af forfatterens ønske om at fremtræde stringent i den strengeste videnskabelige forstand.

En vurdering af teoriens og modellens relevans for musikanalysen er dog ikke nødvendigvis forpligtet af et sådant videnssynspunkt. Navnlig da ikke, når det gælder det emne som især har betydning i dette kapitel af mit skrift: *"the musicologist's analytical interpretation of music"* (se forrige fodnote). Med andre ord: den reflekterende, egentlige analytiske proces og praksis. De senere kapitler i hans bog er da også mindre fast bundet til selve modellen.

Her, hvor det gælder mere detaljerede specifikationer omkring de enkelte "søjler", de enkelte parametriske sider af betydningsdannelsen, må man spørge sig, om ikke *teorien* er lovlig abstrakt (og vidtgående) i forhold til enhver form for praksis. Om det altså i en vis forstand ikke havde været rimeligere at forfatteren havde bygget sin teori op "nedefra": gennem de mere empirisk underbyggende kapitler hen imod en teoretisk sammenfatning. Men der er i hvert fald lagt en *grund,* som på den givne måde utvivlsomt giver forfatterens anskuelser en markant profil lige fra starten.

Diskussionen af det udvalgte teorikapitel (bogens sider 1-42) må tage afsæt i et basalt spørgsmål, nemlig: om det der her bliver fremlagt skal opfattes som en teori af *axiomatisk* eller af en *empirisk* (hypotetisk-deduktiv) karakter. Jeg spørger på baggrund af teorikapitlets to første sætninger:

> A theory, *in casu* a musicological theory, is useful only to the extent that it can be verified or at least rendered probable – and certainly not falsified. Theories that are impossible to verify, or theories whose author does not care to verify them, are of limited interest only.

Verifikation, taget i streng forstand, hører kun den førstnævnte, formelle teoriforms – den altovervejende *logiske* ræsonnementsmodels – bevismåde til.[103] Falsifikation er ikke hjemmehørende her, men kan derimod være en nyttig prøve på, om et *empirisk* ræsonnement er holdbart (uden for mange hjælpehypoteser af måske lidt tvivlsom karakter). Men især er den beskrevet som et metateoretisk kriterium for, hvorvidt et teorigrundlag er erkendelsesmæssigt forsvarligt eller ej.[104] (Den tredje argumentationsform, den induktive, unddrager sig al verifikation, og falsificeres så enkelt som noget – ved at

---

[103] Jf. S. Dahlstedt: *Fakta och förnuft. Svensk akademisk musikforskning 1909-1941.* Göteborg 1986, s. 15.

[104] I det metateoretiske perspektiv er falsifikationsprocedurer vigtigere end verifikation: Rummer en teori i sine teoremer ikke kriterier der muliggør en undersøgelse af dens grundsætningers falsificérbarhed, er den pågældende teori – logisk-positivistisk set (iflg. Karl R. Popper) – uvidenskabelig. Et typisk eksempel er astrologiens teoribygning, som er helt lukket om sig selv og dermed selvbekræftende. — (Som en sidebemærkning: Begrebet falsifikation synes ikke at være forstået helt rigtigt: Der skal mindre til at falsificere en tese end at *"nothing in a given musical practice speaks in favor of a certain theory"* (s. 1). Det rækker med ét repræsentativt modargument til et givet teorem; mere præcist: en falsificerende *counter-proposition* der ikke selv falsificeres.)

der viser sig et eller flere tilfælde der modsiger en induktivt baseret generalisering.)

Det forrige citat synes at regne med begge principper for gyldighed på én gang, hvilket skaber en vis uklarhed omkring teoriens status: af strengt formel art eller af empirisk karakter? Hvad der er afspejlet i modellen og forklaret i teksten dertil lader sig dog efter min bedste overbevisning hverken verificere eller falsificere. Men uanset dette består problemet først og fremmest i at forfatteren er tilbøjelig til at overbetone sit verifikations-/falsifikations-hypotek.[105]

Det lille indskud i citatet: *"or at least rendered probable"* antyder måske en bevidsthed herom. Denne vanskelighed lader sig i så fald omgå ved at man i stedet opfatter teorien som hypotetisk, empirisk ræsonnerende på deduktivt grundlag. Men at den, som det beskrives, fremtræder på en måde der skal forestille at være axiomatisk funderet (quasi logisk)[106], må være det tydeligste indtryk man får af denne optakt. (Det bestyrkes også af

---

[105] Jf. S. Dahlstedt, *op.cit.* s. 16: *"euklidiska* [= axiomatiske] *och induktiva modeller kräver motsägelsefrihet inom systemet för att kunna fungera. Detta krav är inte nödvändigt och sannolikt inte heller möjligt att upprätthålla i samband med empiriska modeller."* (– Dahlstedt understreger dog at de formelle procedurer, der er udviklet for verifikation og for falsifikation, i princippet er lige så applicerbare når det gælder 'sandsynligt' resp. 'usandsynligt', som når det gælder 'sandt' og 'falsk'.) (Sst.)

[106] Jf. Dahlstedt *op. cit.*, s. 172: *"En rimlig tolkning av* [Stig] *Walins kriterier* [– som har en god del lighed med Egeland Hansens, *B.M.* –] *innebär att teori vore detsamma som ett axiomatiskt deduktivt system, där en universell lagsats* [lov eller lovhypotese] *ingår bland axiomen och där systemet som helhet* [...] *måste vara möjligt att empiriskt verifiera. Om dessa krav ägde praktisk tillämpning skulle de slå undan fötterna på nästan all förekommande teoribildning inom musikvetenskapen."*

andre udsagn på samme, første side i kapitlet.)

Som rent empirisk ræsonnementsmodel må teorien erklæres relevant, i betydningen: som et alternativ til andre hypoteser. F.eks. på et – lige så lidt verificerbart eller falsificerbart – gestaltteoretisk grundlag. Det vil indebære en antagelse, der adskiller sig fra Egeland Hansens hypostasering af en semiotisk betragtningsmåde, at man – rigtignok stadig hypostaserende (dvs. læggende noget *til grund,* som princip) – forudsætter en *helhedskvalitet* ved den musikalske gestaltning, og det samme i den musikalske perception *in audiendo.* En kvalitet der anses som mere fuldstændig end summen af de elementer eller valenser, eller hvad man som semiotiker nu vil kalde det indhold der alt sammen integreres i modellens store boks (eller mere virkelighedsnært: af dens virkemåde).

Og forestiller jeg mig musikalsk betydningsdannelse i en forskydning: for eksempel hos et menneske der er begavet med et højt udviklet gehør og demonstrerer en evne til at improvisere musikalsk på en "meningsfuld" måde ved klaveret, så er det min opfattelse at vi også ved at fordybe os i denne kreative akts "indre struktur" ville kunne udvikle en hypotese der adskiller sig fra den givne model og teori, som på ét plan er semiotisk påvirket, i en anden tankefiguration er nøje funderet og fikseret i et begreb om *stil.* (Herom siden.)

Samtidig er det dog langtfra sikkert at de (her meget ufuldstændigt skitserede) to alternative hypoteseudkast ville vise sig at *indebære* noget afgørende anderledes, dybest set, end Egeland Hansens teorimodel. Med andre ord kan det godt være at hans afbildning af denne rent musikalske betydningsdannelse (som spontan akt eller en proces) har en vis rimelighed for sig.[107] Alternativerne vil dog hvile på nogle andre teoretiske (og navnlig erkendelsesteoretiske eller filosofiske) forudsætninger end hans eget teoretiske grundlag.

For det første reducerer hans teori musikalsk mening til ordensmønstre i den rent klingende, og i nuet klingende dimension, hvorved al anden form for *'embodied meaning'* elimineres. For det andet nedskriver han indholdet i en musikalsk mening til det absolut nødvendige og forestillet "sikre" i forklaringsmæssig forstand. I begge sammenhænge hæver teorien sig over det enkelte, konkrete æstetiske objekt, men gør det også svært eller helt umuligt at applicere den på det meningsmæssigt set fundamentalt *reale*. Det er måske ikke på nogen måde tilfældigt at bogen – på sin vis reduktionistisk betonet – hedder "*Layers* of Musical Meaning".

Kernen i dette, for mig at se overordnede problem er i første omgang at søge i den scientistiske stramhed, forfatteren hylder. Han er jo dog repræsentant for et humanvidenskabeligt fag og behøvede derfor ikke (så lidt som også Umberto Eco har gjort det, jf. s. 127f.), at binde sig så stramt til en epistemologisk ontologi som dén hans positionsbestemmelse udtrykker. Dette teorikapitel burde nok have været justeret en del, fortrinsvis efter konsultation af en *first reader* af en "blødere" observans. Men forfatteren er unægtelig konsekvent i sit videnskabssyn, også hvad angår forholdet mellem teori (overordnet helhed) og praksis (behandlingen af de partielle funktionselementer). Og det indebærer – som jeg har nævnt tidligere, i sammenligningen af hans teori

[107] Jeg bruger bevidst ordet 'rimelig' og ikke forfatterens *'probable'*, idet jeg håber at enhver kan fornemme forskellen mellem disse to gloser.

hhv. model med en computers funktionsmåde – en mekanistisk, apparatmæssig tanke- og tilgang.

Hans beskrivelse i afsnittet "The integrator" (s. 23ff.) giver belæg herfor (og må uden beskyldning for malice siges at kunne læses som et stykke musikvidenskabelig komik – hvis ikke det stod klart at teksten skal tages helt for pålydende)[108]:

> If we picture the outputs from the decoders as a series of differently coloured flashes of light, the total input to the integrator may be envisaged as a light-show whose flows of flashes sometimes make up a synchronous, and sometimes a totally asynchronous flow; but most of the time the light-show will display a complex structure in which some flash lines run synchronously, others asynchronously.
>
> The output from the integrator displays the light show in a modified and elaborated form – modified according to the weighing of the output from the decoders. More importantly, however, information is added about musical entities (from motifs and cadences representing the smallest units to sections of forms representing the largest units).

> The problem of the output level from the decoders might be solved by furnishing each decoder with an output control adjusting the output to the appropriate level. I find it a better idea, though, to place this function in the integrator. This allows a comparison of (part of) the integrator with the mixing console of a sound studio.

Dette "apparat"s teoretiske statusform synes at falde ind under Thomas Kuhns benævnelse *a symbolic generalization*: et element af metafysisk karakter, for så vidt som "påstandene ser ud som velunderbyggede lovhypoteser, der uden at motiveres nærmere anvendes som definitioner i eller udgangspunkter for et ræsonne-

108 Jeg har tilladt mig, af hensyn til en lettere forståelse, at bytte om på citatets to hovedafsnit, som også i original form hører sammen, og med den skydning mellem de to afsnit, som her er opretholdt.

ment."[109]

Den givne teoretiske konsekvens af dette (næppe hverken verificer- eller falsificerbare) instrumentariums mekanik kaldes af forfatteren *"the uncontaminated musical experience"*; dén perception der (s. 24) "baserer sig på en komplet og korrekt forståelse af de mange lag af musikalsk mening, sådan som den er indsamlet og fortolket af integratoren". (I den sidste passus forventede man vel et mere neutralt ord, f.eks. 'bearbejdet'.)

Men først og fremmest må der spørges: står prædikaterne 'komplet' og 'korrekt' overhovedet for reelle muligheder? Og hvorved identificeres dette højeste forståelsesniveau, eller bare korrekthedsniveauet for de enkelte lag?

Forfatteren indrømmer da også straks at denne af 'støj' uafficerede, "både objektive og korrekte" afkodning "næppe eksisterer i det virkelige liv". Og meningen med dette lidt uklare facit bliver ikke ligefrem mere tydelig af den følgeslutning han drager af denne observation: at "en given musikalsk progression kan fortolkes på mere end én måde af *decoderne*", og at "*output*'et fra de forskellige *decodere* kan integreres med en uendelighed af kombinationer og vægtninger af elementerne" (s. 25). Dén følgeslutning nemlig (sst.) at "det faktum[!] at den u-kontaminerede musikalske oplevelse er objektiv og korrekt implicerer ikke, at den ikke kan være tvetydig".

Dette er ikke ligefrem lysende klart, betragtet som led i en teoretisk udredning. Forfatteren forsøger sig med en præcisering: at "tvetydighed er ikke det samme som subjektivitet". Dette må betyde at subjektivitet hører hjemme i en anden, mere afledt bevidsthedsakt, hvor

[109] Cit. efter Sten Dahlstedt: *Fakta och förnuft* (jf. fn. 90), s. 14.

en form for *begrebslig* betydningsdannelse føjer sig til (foruden emotive momenter, som Egeland Hansen synes helt at lade helt ude af betragtning; modsat hvad lingvisten Louis Hjelmslev har understreget angående den rolle den emotive side af betydningsdannelsen spiller, jævnsides med den kognitive).[110]

Hermed synes tvetydigheden at skulle betragtes som en mere eller mindre tilfældig, men trods dét egentlig ikke problematisk omstændighed: en følge af den uopnåelige optimale afkodning der hæfter ved *in audiendo*-situationen. Sådan fremstilles det nærmest (s. 14):

> [T]he experience *in audiendo* emerges from the encounter between a course of musical events and the listener's active codes. It is thus possible – at any rate in principle – to experience any musical progression by way of any choice of musical codes. But of course there is no guarantee of a meaningful result.

På den anden side synes denne valgmulighed (*choice*) at implicere subjektivitetens konkrete tilstedeværelse. Men som man må formode, set ud fra forfatterens teoretiske position, bør forvises helt og holdent til fordel for et "fornuftigt" mål af tvetydighed (jf. ovenfor). Men hvor går så grænsen mellem tvetydighed og subjektivitet, mellem et meningsfuldt og et ikke meningsfuldt resultat af en afkodet musikalsk *meaning*?

Uanset vanskeligheden ved at rydde disse problemer af vejen forekommer Egeland Hansens prekære balancegang i dette spørgsmål mig at være det nærmeste han kommer på at udplante sin laboratoriemodel i en æstetisk virkelighed (inden for teorikapitlets rammer).

---

110 Iflg. I. Bengtsson: *Musikvetenskap* (se fn.1), s. 30. Bengtsson henviser, uden at specificere kilden, til Hjelmslevs *Principes de Grammaire Générale* (1928).

Taget for sig kan hans teoretiske 'ukontaminerede musikalske oplevelse' næppe bruges til noget *særligt*: Den har ikke meget at gøre med det konkrete indtryk, som der responderes med, hver ny gang, gennem en kompleks musikalsk bevidsthed. Faktisk er den ukontaminerede instans vel lige så meget et postulat eller et dogme som den ubesmittede undfangelse.

Det er f.eks. et spørgsmål om den kan opfattes som en statistisk størrelse: et "optimalt ekstrem". For selv inden for rammerne af et kodesystem – så fuldstændigt eller rettere ufuldstændigt som vi er i stand til at udrede det – lader den sig ikke objektivere konkret, men nok forudsætte. Den er m.a.o. en ren forestilling, der højst kan gives en teoretisk definition, men som hverken lader sig verificere eller falsificere.

Alligevel udleder forfatteren herudfra et andet begreb: "den ideelle lyttesituation". For denne situation gælder det (s. 14) at

> the listener must apply exactly the same set of codes as the composer did when he wrote the piece of music in question. Only on this condition is there a possibility that the listener's and the composer's perception will match.

Dette er erkendelsesteoretisk set en vildledende tanke. En fejl der – senest – bliver helt åbenlys, hvis man konfronterer udsagnet med dodekafon musik (overhovedet når det relateres til størstedelen af den musikalske modernisme). Men også i øvrigt. Og navnlig vil synspunktet blive tilbagevist af enhver filosofisk hermeneutik som en *a priori* uløselig opgave. Ud fra denne synsvinkel (den 'tekstfortolkende') kommer det nemlig overhovedet ikke an på at nå til et sådant perfekt *match* mellem to bevidstheders perceptioner; dette er ikke realisérbart.[111] Men skulle det end være muligt i teorien, hvorledes da afgøre om en sådan overensstemmelse foreligger – ud fra hvilke kriterier? Alt i alt har forfatterens forhold til forståelsens former, sådan som det er udtrykt i teorifremstillingen, karakteren af et abstrakt studium af processer – på en vis måde som i en hermetisk lukket retort.

Meget i dette kapitel forklares i det hele taget af netop denne isolering af "det teoretiske objekt" fra store dele af menneskelig bevidsthed i dens empirisk givne former. Det lader sig dog ikke sådan "objektivere", heller ikke i *in audiendo*-situationer. Men forfatteren fastholder det synspunkt, at al anden viden om det musikalske lytteobjekt end den rent internt afkodede information er "stort set irrelevant for den lyttende oplevelse *in audiendo*" (s. 11). Det begrundes i den altafgørende betydning som forfatteren tilskriver lytterens bekendthed med *"the musical mode of expression, the musical style of the work"* (sst.).[112]

---

[111] Som den hermeneutisk orienterede filosof Hans-Georg Gadamer har beskrevet forståelsessituationens grundlæggende karakter: "Det er tilstrækkeligt at sige, at man forstår *anderledes*, når man i det hele taget forstår" [dvs.: hver gang en forståelse foreligger].

[112] Jf. (s. 12): *"If we wish to keep the concept of experience* in audiendo *uncontaminated by 'noise', we must imagine a situation with an ideal listener, i.e. a listener who perceives everything that goes on in the music, who listens to the music for the first time. In this situation* the fulfilment of expectations depends on knowledge of the musical style, not of the individual work." (Min (omvendte) fremhævelse.) — Argumentationen har en logisk brist: På den ene side er *'the uncontaminated experience'* knyttet til et unikt stykke musik, uden forkendskab hertil og, som forudsat, uforstyrret af *'noise'*. På den anden side er det ikke stykket selv, men 'den musikalske stil' – et værkovergribende fænomen og *dermed* en 'støjkilde' – der skal forestille at afgive kriteriet for en 'støjfri' perception.

Men dette er problematisk på flere måder end angivet i min hertil knyttede fodnote.

For det første synes 'stil' at være anskuet som manifestation af en gennemstruktureret "grammatik". En given 'stil' synes nærmest at være forestillet som et *link* der aktiveres ved et klik med en "mental mus": snart åbnes der til et mere overskueligt program – Palestrinastil kunne være et nøgleeksempel –, snart til et mere kompliceret, men stadig nogenlunde enkelt at orientere sig i, såsom højbarok eller wienerklassisk stilkode.

Men en musikalsk grammatik i analogi med sprogets, eller cirka lige så lovbundet i sin struktur som dettes, er et fantom: Musikalske "grammatikker" har en langt løsere karakter; musik er i mange af sine fremtrædelsesformer snarere hævet over grammatiske normer, regler, invarianser. I stedet konstitueres stilkendskab, som man måske hellere skulle kalde 'musikalsk medgestaltningsevne' (efter det tyske ord *Mitvollzug*), på grundlag af flere og andre kontekstuelle momenter end egentligt 'grammatiske'. Yderst sjældent, om overhovedet, kan noget der nærmer sig en stilistisk totalkompetence udfolde sig. Et kimfrit miljø, som det der foresvæver forfatteren, gives ikke – i den almindelige og væsentligt mere brogede virkelighed er 'stil' snarere at sammenligne med et havebed, hvori der altid, foruden kulturplanter, befinder sig en hel del ukrudt.[113]

---

[113] Undertiden tenderer 'stil' som noget kodemæssigt deducerbart mod helt at forsage: Kriteriet om stilkendskab, som det bliver fastnaglet i *in audiendo*-situationen, vil f.eks. være af en marginal betydning i forbindelse med musik af Leoš Janáček (1854-1928). Det udelukker på ingen måde at en specifikt informeret musikalsk bevidsthed uden nævneværdig vaklen vil reagere med en konstatering af at "dette må være skrevet af Janáček". Her reageres der imidlertid ikke på grundlag af en stilkode, men en *idiomatik*.

For det andet bliver det et problem at afgøre, på hvilket plan begrebet 'stil' er lokaliseret: Grunder 'stil' sig på rent fysikalske (materielt givne) størrelser eller på selve den hændelse som apperceptionen udgør, altså på oplevelsesmæssige reaktioner, som må beskrives fænomenologisk? Det førstnævnte alternativ implicerer et kompliceret *a posteriorisk* forhold, som forudsætter at 'stilen' først er omhyggeligt specificeret, hvad der i sig selv rummer større teoretiske usikkerhedsmomenter: hvilke elementer er stilkonstituerende og i hvor høj grad i forhold til andre, som mere uvæsentlige bedømte elementer? Det andet indebærer, når det sammenfattes til fænomenologiske udsagn (ifølge Edmund Husserls klassiske udlægning) beskrivelser der er betinget af forudgivne, *a prioriske,* mentale processer og heraf følgende syntetiske domme.

Før der er taget stilling i dette spørgsmål – i den teoretiske sammenhæng som der her er tale om – må 'stil' forblive et delvis metafysisk begreb, forstået som en størrelse der i sine konkretioner hverken lader sig verificere eller falsificere. Eller den bliver en art *metafor.*

Men man kan muligvis reducere dette problem ved i stedet at føre ordet *idiomatik* i marken (se note 113), et begreb der repræsenterer en mindre teoretisk, men også mere praktisk anvendelig erkendelseskategori end det problematiske begreb stilkode. Det kan underbygges på den måde at et gestaltmæssigt forklaringsbud på spørgsmålet om musikalsk *meaning* adskiller sig fra en semiotisk derved, at et helhedsaspekt dominerer i forhold til en analytisk operationsmodus. Den begrebslige skelnen mellem 'idiomatik' og 'stilkode' grunder sig med andre ord på, at den førstnævnte giver sig mere eller mindre øjeblikkeligt, spontant og intuitivt til kende, hvor den sidstnævnte, så at sige med teoretisk nødvendighed, har en længere tilblivelsesproces bag sig. I en beskrivelsesmæssig systematik hører desuden det første begreb til inden for et overvejende idiografisk perspektiv, mens det andet helt klart er at indplacere i forbindelse med et generaliserende, nomotetisk ærinde.

Til det 'vildnis' (jf. ovenfor) der typisk er tale om i perception af musik "i al almindelighed" hører, som før nævnt, også en række emotive responser i den musikalske lytning, som må medregnes (ifølge Bengtsson, Hjelmslev og måske også andre lingvistisk hhv. semiotisk orienterede), men som Egeland Hansen lader ude af betragtning – selv om han medgiver at den i høj grad kan influere på lytteoplevelsen.[114] Det er måske mest problematisk i de tilfælde hvor emotive momenter er *implanteret*, udtrykkeligt "medregnet" i musikken, af komponisten. Det er for eksempel manifest tilfældet hos Janáček, som i væsentlig grad komponerede derudfra, med en uforvekslelig, men ikke just 'stil'-tilstræbende, *autenticitet*[115] som resultat. Men det kan måske også rejse en mistanke om at den "rene afkodning" af musik – det gælder både praktisk og teoretisk forstået – næppe afdækker det væsentligste i dette omfattende emne.

---

[114] "[T]*he question of the listener's general state of mind and its influence on the listening process lies outside the scope of this book and will not be pursued further in our considerations*" (s. 11).

[115] Og som – ikke desto mindre – er i udmærket kongruens med dén udlægning af ordet der gives i citatet her: " [...] som betegnelse for det, der forekommer os *ikke* at udgive sig for noget, *ikke* at stille sig an, men træder frem som det, det er." J. Dehs: *Det autentiske. Fortællinger om nutidens kunstbegreb.* Kbh. 2012 (s. 14). "Baggrundsmatricen" par excellence for Janáček's musikalske autenticitet er givetvis kategorien *natur*. (Hertil – i almenhed – hos Dehs: s. 78 ff.)

Og hermed slutter nu min væsentligste immantente kritik. Tilbage står dog et par mere løse ender.

*

Hvilke konsekvenser får, og vigtigere måske: hvilket erkendelsestilskud giver forfatterens udkast til en teori om musikalsk mening? Hvad dets følger angår snarest at dets relevans for æstetiske analyser er – problematisk – indsnævret til en noget overbetonet betydning af begrebet 'stil', forstået i alt væsentligt som 'grammatik'. Dette forhold begrænser bogens anvendelighed i forhold til en mere kompleks intellektuel omgang med musik som kunst. Hvilket vel må anses for et af musikforskningens vigtigste pejlemærker.

Med hensyn til brugbarhed, så følges teorien op af redegørelser omkring de enkelte *layers*, der bestemt er af pædagogisk værdi, men som også især er appliceret på musik der er indlejret i på forhånd ret velbeskrevne stilistiske helheder (af nødvendigvis ret generaliserende karakter). Derudover må jeg finde forfatterens tankegrundlag og argumentation ret abstrakte i relation til den musikalske analyses teori, og især over for hovedformålet: derudfra at frembringe beskrivelser, analyser og vurderinger af æstetiske objekter i deres hver for sig komplekse sammenhæng, det vil sige i deres individuelle "helhedsform".

Meget heraf kan, så vidt jeg kan skønne, føres tilbage til en konsekvent afvisning af enhver form for hermeneutik – en disciplin som, hvad dens mere videnskabelige, og det vil sige dens filosofisk underbyggede former angår, er mangelfuldt beskrevet; det vidner det hermeneutiske hovedkapitel i bogen om. I sin forkastelse af enhver ballast af denne art (en ballast der i dag nærmest er selvfølgelig) opererer forfatteren med en kategorisk skelnen mellem, hvad der på den ene side bliver kaldt *parafrasering* og på den anden side: *interpretation*, og af hvilke kun den førstnævnte kategori tilskrives videnskabelig status.[116]

Parafrasering beskrives på følgende måde (s. 37):

> [P]araphrasing [signifies] phenomenological description[117] of music: a description viewed through a major or minor selection of the musical decoders in question. A complete paraphrase will correspond to the light-show [jf. tidligere, s. 135 her] as regards musical content. Consequently, the light-show itself is to be regarded as a paraphrase.[118]

Parafrasering defineres endvidere som "a description [...] in accordance with the musical codes *of the style in question.*" (Min kursivering.) Og det påpeges at denne beskrivelsesform "tilhører disciplinen musikalsk analyse og er en videnskabelig og derfor [sic!] en objektiv disciplin" (s. 38).

Selv bortset fra det risikable ved brugen af ordet 'objektiv', og den indirekte eksilering fra videnskabens terræn, som bliver begrebet interpretation til del, fører dette ud i nye inkonsistente forhold.[119] Hertil hører, for

---

116 Forfatteren anvender desuden (s. 35) begrebet *representation*: rene benævnelser af musikalske enkeltfænomener (notationens elementer: nodeværdier, tonenavne, fortegn o.lign.). Dette elementære lag i den verbale karakteristik af musik kan dog her lades ude af betragtning.

117 Der burde nok i stedet for 'fænomenologisk' (som vel næppe er forfatterens teoretiske ståsted) have stået 'fænomenel beskrivelse'.

118 Men dette *"light-show itself"* er jo dog før-sprogligt. Ét er at der, som det siges, kan være korrespondens til en *'complete paraphrase"* (og især omvendt). Men hvordan kan det i sig selv – logisk (*consequently*) – udgøre en beskrivelse, en parafrasering?

119 Hvad det uklare begreb 'stil' angår, har jeg tidligere påpeget svagheder af argumentatorisk art (se s. 139ff.).

det første og vigtigst, de vanskeligheder der består i at foretage en klar skelnen mellem parafrasering og interpretation.

Hører f.eks. den helt selvfølgelige brug af harmonisk funktionsanalytiske termer – såsom 'stedfortræder' eller 'altereret vekseldominant-noneakkord' – og hører formlærens mest basale terminologiske apparat (såsom frase, periode, hoved/sidetema, overledning, epilog, reprise m.fl.) til beskrivelsesformen parafrase (som 'videnskabelig', kvalificeret som objektiv) eller til en beskrivelsesform der mere end på en 'objektivitet' hviler på en bagvedliggende *konvention* (som endda ofte står eller har stået i konkurrence med andre konventioner)? De er naturligvis alle af den sidstnævnte art og skulle dermed falde ind under kategorien interpretation. Logisk set turde det gælde, men det er næppe forfatterens hensigt, som nedenstående note viser.[120] Og i så fald mangler der en verbaliseringskategori i hans systematik.

En lignende skepsis må gælde den ovenfor anførte beskrivelse "i overensstemmelse med den givne stils koder". Her er 'stil' igen anskuet som en objektiv og fast struktureret størrelse. Men udtrykket '*den givne* stil' kan ikke anvendes uden at på forhånd indarbejdede momenter af interpretatorisk art medregnes. At tage interpretation ud af dette spil er uladsiggørligt. Det implicerer imidlertid allerede i sig selv (altså med udeladelse af begrebet interpretation) en bristende logik, eller en 'ond' hermeneutisk cirkel, i forholdet mellem

---

120 *"Interpretation goes further and tries to attribute* specific content *to a musical progression. This represents an extrapolation from the paraphrase* [...] *and it endeavours to lay open the 'meaning' of the music – in general terms or in detail."* (*Op.cit.* s. 38; min fremhævelse – som også her består i det ikke-kursiverede.)

'beskrivelse' og dennes 'overensstemmelse med den givne stil' (som er et åbent, flertydigt hhv. uafgrænsbart teoretisk felt).

For det andet medfører den bestemmelse der her bliver givet af en parafraserende *'description'*, et regulært og uhensigtsmæssigt sammenfald af begreberne beskrivelse og analyse (vel sagtens med statistik som det eneste modificerende element). Det er en ting som den skarpsindige (og på visse måder radikalt indstillede) analytiker Hans Keller har advaret imod: *"Never confuse analysis with mere description."*[121]

Ingen musikalsk analyse er, eller kan være, 'objektiv' (endsige 'komplet' eller 'korrekt'); i al analyse indgår elementer – forhåbentlig endda mange – af interpreterende art; uden at det (for den sags skyld) behøver at betegnes som hermeneutik i mere rigoristisk, forstået som *betydnings*bestemmende forstand.

Vil man, på trods af udbredt vedtagne synspunkter herom, fastholde en scientistisk strenghed i sin musikvidenskabelige teori og praksis, så gør man – uden at man som kritiker heraf vikler sig ind i et paradoks – musikvidenskab ikke så lidt fattigere end den faktisk er. Og påkalder sig måske, i værste fald, et skudsmål i retning af det *bon mot* som Thomas Mann har præget, i romanen *Buddenbrooks*, med gymnasielæreren, pastor Hirtes herlige *oxymoron*: "Grænseløst bornert".

*

[121] H. Keller: "K.503: Unity of Contrasting Themes and Movements", in: *The Music Review* XVII, 1956, s. 45-58; 120-129.

Analyse som rekonstruktion

Vi vender nu tilbage til at behandle dette hovedkapitels anliggender i den form de så godt som altid befinder sig i m.h.t. arbejdsmåden. I denne normale situation vil dén der skal foretage en analyse have stoffet udbredt foran sig. Det foreligger (for det meste) som en nodetekst der desuden også kan opsøges i klingende form. Begge dele mulige at konsultere, detailundersøge og kontrollere så ofte og så meget det skal være. Og et klaver kan fungere som ens eget mellemled mellem de to medier.

Det væsentligste kendetegn for den her beskrevne arbejdsform er, at der gives iagttagelses- og refleksionsmuligheder *ad libitum* for den analyserende. Dette i modsætning til situationen *in audiendo,* som der var tale om i det foregående tekstafsnit. Og modsat det der var forudsætningen for den dermed forbundne teori om musikalsk betydning: som et "slutprodukt" ud af øjeblikket, en mening som udelukkende i form af sig selv[122] udspringer og foreligger spontant (og som i det givne "program" *skal* foreligge i en sådan tilfældig og kun relativ perfektion[123]), alene på grundlag af lytterens givne, såkaldte kodefortrolighed.[124]

---

[122] "Musical meaning is attached to the oppositions within the individual parameters by which music articulates. *This is the main topic of the present book"*. (Egeland Hansen, *op.cit.* s. 7; hans (anti)kursiv.)

[123] *"It is a well-known fact that* [...] *listeners achieve a more differentiated experience through repeated listening – they simply discover more of the total structure. This might induce us to claim that, prior to an ideal listening situation, the listener must be acquainted with the music in question. But no – an important point connected with the experience* in audiendo *is that music in some passages lives up to your expectations while in other passages it surprises you".* (*Op.cit.*, s. 12.)

[124] Egeland Hansen er altså på det rene med at gentagen lytning, og

En hovedforskel består, kan man sige, i at den analytiske *undersøgelse* (modsat en tilegnelse *in audiendo*) fundamentalt er en *dissociativ* proces og ikke (som denne perceptionsform) en rent *associativ* foreteelse. – Jeg undskylder gerne den lidt uortodokse brug af disse fremmedord; hensigten er at gøre det klart, at analysens arbejdsgang og dens formålstjenlighed medfører procedurer der står i et *brudt* forhold til musikkens forløbsform, og desuden principielt er af ikke-musikalsk art – men selvfølgelig på det nøjeste musikrelateret.

Analyse, forstået på denne måde, består i den særlige opgave for forskeren, hhv. den studerende: at nå frem til og stå inde for en intellektuel (og musikalsk-oplevelsesmæssig) bearbejdning og transformation af den givne musik. Fra klingende, hhv. noteret musik til et anderledes struktureret og fungerende medium: en verbal tekst (hhv. et foredrag, oplæg, diskussionsbidrag), og i en helt anderledes artikuleret *form*: Musikkens linearitet (dens fortsatte forløb i tid) må "ombrydes" til en ny form, bestemt af de intellektuelle operationer der udføres på musikken (men som bør være i maximal grad musikalsk fornemmede). Musikkens helhed – både som totaliteten af hændelser (information) og forløbsmæssigt, som tidsligt kontinuum – vil fremtræde grundlæggende omstruktureret og i en art resumerende form: Analysen hverken kan eller skal strikte følge musikkens gang – i så fald blev den til ren beskrivelse og dermed

endnu mere et nøjere studium, medfører en større, rigere, mere fuldstændig erkendelse af musikkens struktur og mening: Afkodningen bliver alt i alt mere omfattende, og mere "entydig", ved gentagen lytning. Denne tilvækstmulighed beskæftiger ham blot ikke i hans bogs teoretiske grundlagskapitel.

netop ikke til analyse; og den kan heller ikke – og dét hverken som analyse eller som ren beskrivelse – "få alt med", langtfra.

Men den kan til gengæld, hvor den – pointeret sagt – *lykkes*, give musikken *en særlig mening* i forhold til dén som musikken meddeler ud fra sig selv alene.[125] Denne måde at udtrykke det på – og ikke f.eks. at analysen "udtrykker musikkens orden" – er bevidst valgt. Den førstnævnte formulering skal understrege en særlig hensigt med den analytiske 'trang', og som gør at jeg må tilføje at synspunktet sikkert ikke har almen gyldighed. (Måske nogen endda vil finde at det ikke er helt passende inden for denne bogs overordnede rammer.)

Hvad jeg her kredser om – for det er svært at udtrykke klart – er en hensigt om at musikken, på baggrund af analysen, skal antage en forøget kvalitativ betydning, ikke kun en "sprogligt forskudt", anden betydning. Og med en tiltro til at denne nye kvalitet vil hæfte ved musikken selv, en vis tid (dette er nok mere et suggestivt end et egentlig forklarligt element): Den intellektualiserende omformning af musikken er tænkt at skulle "neutraliseres" igen, til en vis grad, og virke videre som en ny og større indsigt, oplevelse (og det nysnævnte svært tilgængelige aspekt kvalitet[126]) *inden for*, direkte

[125] Hvad så end dette 'i sig selv' kan betyde: Som klangfølge, som ordnet (eller uordnet) struktur? etc. – Pragmatisk kan man vel bedst specificere det med ordene: den meningsform som mere eller mindre alle fagforstandige kan enes om er given for musik *generelt*: mening *mindst* på et minimalniveau i positivt given forstand.

[126] Det følger heraf at min opfattelse af det musikalske "objekt" ikke kan begrænses til en rent tingslig størrelse, men at det er en fænomenologisk, bevidsthedsmæssigt forankret realitet, af nødvendigvis skiftende eller foranderlig form.

ud fra den musikalske, oprindelige perceptionsform.[127] På sin vis i tilknytning til det berømte sted i Ludwig Wittgensteins første hovedværk, *Tractatus Logico-Philosophicus,* hvor han siger at tilegnelsen af hans filosofi skal sammenlignes med at klatre op ad en stige. Når man så, efter at have passeret dens øverste trin og har fået nyt fodfæste, skal man skubbe stigen fra sig.

Men (for at vende tilbage): sådan behøver en analyse ikke nødvendigvis at virke på dens modtagere! Her vil den givne tilvækst af rationel indsigt forhåbentlig være tilstrækkelig til at gøre analysen både virkningsfuld og meningsfuld.

I begge sammenhænge: modtagelsen og (i særdeleshed) i udarbejdelsen, vil der dog selvsagt indgå nogle ikke ubetydelige indslag af *interpretation* Om dennes genstandslige basis vil jeg her bemærke følgende:

Jeg opfatter den analytiske fortolkning stående i forhold ikke bare til en nodetekst, men også til praktisk, klingende interpretation via indspilning(er) og eventuelt gennem egen udførelse. For intet musikalsk værk eksisterer i *ontologisk,* dvs. grundlæggende, forstand[128] som en uforanderlig "helhed" eller struktur i form af en nodetekst; kun i form af stadigt nye, vekslende realiseringer, interpretationer; dels i klanglig skikkelse og dels

---

[127] En tilegnelsesform som jeg, *nota bene,* ikke mener kan reduceres til noget "rent" klingende, "rent" musikalsk. Om ikke andet, så vil begrebet *form* stille sig i vejen herfor, både som teoretisk størrelse og som erfaret fænomen. – Mere hertil i det følgende afsnit.

[128] Og musikforskning befatter sig jo frem for alt med sit emne under bestemte (vidt forskellige) *grundlæggende* aspekter. – Synspunktet i ovenstående sammenhæng støtter sig navnlig på Roman Ingardens (fænomenologiske) bestemmelser af det musikalske værk, i bogen *Untersuchungen zur Ontologie der Kunst. Musikwerk•Bild•Architektur•Film.* Tübingen 1962.

i en bevidsthedsmæssigt funderet (og evt. sprogligt beskrevet) form. Partiturets *repræsentation* af værket er ikke identisk med dette. Værket er hvad der i fænomenologien er kaldt en 'intentional genstand'.[129]

Og også til en sådan eksistensform knytter, som nævnt, analysen sig meningsfuldt. Fortolkende momenter er, her som dér, hverken til at undgå eller er overhovedet noget man skal anstrenge sig for at minimere. Transformationen af et givet udvalg af musikalske elementer til en verbal repræsentation for disse – men ideelt set: for en musikalsk "helhed" – indebærer allerede en interpretation. Ja selv en oversættelse af en litterær tekst fra ét sprog til et andet har et vist mål af fortolkning i sig. En 1:1-relation mellem en originaltekst og en oversat version gives ikke. Det forholder sig snarere – men glem det, som musikanalytiker, for Guds skyld! – sådan som man finder det udtrykt i den ultrakorte italienske aforisme: *Traduttore – traditore.*[130]

Mere reel bliver dog fortolkningens uundgåelighed når man betænker den nærmest uendelige mængde af valgmuligheder som altid vil bestå, med hensyn til hvilke momenter i det analytiske objekt der kan angribes, og i hvilken rækkefølge hhv. sammenhæng. Det vil fremgå lysende klart, hvis man sammenligner resultaterne af to

---

[129] Dvs. en genstand eller, med Dag Østerberg (jf. senere i dette kapitel, fn. 152), et *værende,* der er genstand for, og "appel-instans" for en bevidsthed; som har en hensigt i sammenhæng hermed, og som jeg – med en prægnant formulering – derfor vil karakterisere som et *mellemværende* for bevidstheden; betragtende eller praktisk handlende.

[130] "En oversætter [er] en forræder". – Bemærk at oversættelsen (til dansk såvel som ethvert andet sprog jeg kan bedømme ud fra) netop ikke formår at gengive originalens prægnante ordspil, hvorved aforismens mening jo bestyrkes.

erfarne analytikeres behandling af den samme opgave. Og det uanset om de er af forskellig observans eller de tilhører den samme "skole".[131] – Man kan, om man vil, skyde mange forskelle i dispositionen ind under begrebet subjektivitet. Men man må dog samtidig konstatere at det der er baggrunden for alle subjektive forskelligheder først og fremmest er det uundslippelige vilkår: at man altid må gå ikke bare selektivt, men også interpreterende til værks.

Så derfor, igen: Ingen analyse uden fortolkning, og *"never confuse analysis with mere description."*[132]

Kategorien 'beskrivelse' (parafrasering ifølge Egeland Hansen) bliver ikke af den grund reduceret til en ren og skær nødvendighedsartikel: et "rent" empirisk fremstillingselement, og ét som det selvsagt i mange og til dels lange sammenhænge er umuligt at give afkald på. Der er flere væsentlige formål med en beskrivelse: Først og fremmest udbygger og underbygger beskrivelsen analysens fokuspunkter og dens syntetiserende momenter: diverse udkast til en udlægning eller forståelse; dén som den nøgterne, men også med særlig hensigt valgte beskrivelse leder frem til. Den udgør m.a.o. også præmisser i den bredere sammenhæng, af empirisk redegørende art, for en konklusion eller en hypotesedannelse. Eller måske bare et grundlag for et markant, ikke helt igennem selvfølgeligt synspunkt, en vurdering eller en væsentlig observation.

Det forekommer mig derfor overdrevet at ville holde de forskellige termer for det analytiske sprog så skarpt adskilte, som det sker hos Egeland Hansen. Som følge af

---

131 Med mulig undtagelse for en "Schenker-analyse" (se note 153).

132 Jf. fn. 121.

at man næppe kan skelne kategorisk mellem analytisk beskrivelse (parafrasering) og fortolkning (interpretation) forekommer udtrykket parafrasering kunstigt som formulering af "objektive" musikalske foreteelser.

Som jeg vurderer det er 'parafrasering' – som et programmatisk anliggende – et unødigt restriktivt begreb der stort set udmøntes i rene, nøgterne konstateringer, uden brug af metaforik for eksempel[133]; altså holdt helt inden for normalsproglige og terminologisk strengt vedtagne rammer. Begrebet 'analytisk beskrivelse' derimod tillader formuleringer inden for et langt bredere spektrum af menings- og indsigtsmæssig art.

Hvornår der foreligger en parafraserende (hhv. "rent" beskrivende) sprogbrug, og hvornår en sådan udvides i retning af interpretation, det vil alt sammen fremgå af den sproglige form, og af konteksten. Men det er ikke et 'problem' der løses på denne måde; snarere skaffer dét at man opfatter alternativerne som afskygninger inden for et bredere felt af legitime beskrivelsesformer tanken om et problem af vejen.

Måske er parafrasering desuden at forstå i en form for ligeløb med musikkens forløb i tid, hvor den – langt almindeligere – musikalske beskrivelse bliver disponeret uafhængigt af dette *flow* og dermed mere "springer" frem og tilbage i det musikalske tidsforløb. Med en analytisk hensigt og formålstjenlighed som den givne rettesnor. Men dermed udelukkes heller ikke en fremstillingsform der over kortere eller længere stræk følger musikkens kontinuerlige fremadskriden. Alt i alt giver jeg gerne afkald på termen parafrasering.

---

133 Rekapituler, modsætningsvis, citatet af Ingmar Bengtsson, anført s. 42.

Særligt om form

Sammenlignet med musikkens mindre, mere isoleret betragtede bestanddele er det formmæssige aspekt af musik dét musikalske område, hvor en meningsbærende sammenhæng træder mest nærværende og mest konkretiserbart frem. (Underforstået er her: musik taget for sig, altså uden medvirken af tekst eller anden tilhørende verbal kommentar.) Det skulle blive tydeligt, hvis vi samtidig foretager en association til en betragtning af et musikstykke i et narrativt aspekt, altså som en art fortælling. (Jeg må naturligvis advare mod at opfatte dette ord for konkret.) Men *form,* musikalsk overordnet anskuet, finder man i en hel række af betydninger, som til dels er ganske forskellige.

At knytte musikalsk mening eller betydning først og fremmest til formaspektet er der umiddelbart megen ræson i, hvis man forstår 'form' simpelt hen i betydningen: 'helhed' i elementær forstand. Som musikkens konkret udformede totalitet. Et menings"indhold" gør sig rigtignok gældende i dens enkelte parametre, dvs. dimensioner eller 'lag', som hver for sig medbærende elementer; det *baserer* sig på disse funktionelle komponenter. Men først når de er sammenfattet til, eller bedre: *i* form bliver det tydeligere hvordan 'mening' essentielt består i kraft af det overordnede forhold, som *tankefiguren* 'form' repræsenterer.

En sammenligning med den sproglige betydningsdannelse er nærliggende, og også sagligt oplysende. Men der kan dog ikke paralleliseres i mere end umiddelbar og forholdsvis overfladisk forstand. Der skal reflekteres med hensyntagen til flere forhold. [134]

Som belæg for ovenstående, meget rummelige (men helt bestemt utilstrækkelige) formdefinition, kan man anføre Adornos udsagn: at "musikkens 'indhold' er indbegrebet af det der foregår i musikken"[135], og som holdes sammen til en helhed (som modsætning til en simpel sum af enkeltheder) i en form.

Taget på ordet er det, på den anden side, et reduktivt betonet formbegreb der her kommer til udtryk. Med Sten Dahlstedts begrebsanalyse som ledetråd[136] bliver der tale om form som "helt enkelt og brutalt fysikalsk ensbetydende med et endeligt antal relationer mellem atomare bestanddele"; form er her "betragtet som en fysisk egenskab". Dette formbegreb er kritisk på et anti-metafysisk grundlag, hvor "formbegrebets ontologiske aspekter er henvist til historiens pulterkammer".[137]

Imidlertid kan det netop derfor også – ud fra en anden forståelseshorisont – betragtes som historisk ude af trit med nogle underliggende og bestemmende forestillinger bag meget store dele af den musik, hvorpå sådanne anderledes forestillinger traditionelt er blevet appliceret: 1700- og 1800-tallets og desuden en hel del af senere ti-

[134] Theodor W. Adorno hører til dem der klarest og mest tankevækkende har fremstillet dette forhold. Se navnlig hans prægnante tekst "Musik und Sprache", oversat til dansk af Poul Nielsen i dennes *Musik og materialisme*. Kbh. 1978, s. 13-18.

[135] Th.W. Adorno: *Quasi una fantasia. Musikalische Schriften II*, Frankfurt a.M. 1963, s. 16.

[136] S. Dahlstedt: *Individ och innebörd. Forskningsinriktningar och vetenskapsteoretiska problem inom svensk akademisk musikforskning 1942-1961*. Göteborg 1999, s. 139 f.

[137] Dahlstedt henfører (*op.cit.* s. 139 og 142) den nævnte opfattelse til de filosofiske retninger logisk empirisme og en dermed beslægtet sprogfilosofi i 1900-tallets første halvdel.

ders frembringelser.

Hvor en 'fysikalsk' optik ikke råder, er især to grundanskuelser tydelige: Dels at et fænomens form betragtes som bestemmende for dets *væsen* og har betydning, i ontologisk forstand: som ikke-abstraherbar identitetsmæssig markør. 'Væsensegenskaber' er betragtet, efter Aristoteles, som reale fænomener.[138] Og dels, med udgangspunkt hos en anden filosof, Kant, en anskuelse ifølge hvilken form er en forklarlig følge af bevidsthedens strukturering af sanseindtryk – gennem dens aprioriske (medgivne) kategoriale apparat – til sammenhængende erfaring. Heraf følger at en orden er nedlagt i kunstværket, som form.

Den særlige grund til at skelne mellem disse to *overordnede* opfattelsesmåder har mest at gøre med de forskellige konsekvenser de har for spørgsmålet om musikalsk *betydning*. Jeg vil dog ikke her gå nærmere ind på disse divergenser, men i stedet se på nogle senere, deraf afledte positioner. I hvert fald de to af sådanne tre (i det følgende: de to første) har dog også et væsentligt fællestræk, i kraft af deres tydelige forankring i et ordensprincip: En fremhævelse af *logik* (følgerigtighed) og en deraf udviklet opfattelse af de æstetiske ordensprincippers karakter af typiske, *organiske* grundformer i udviklingsforløb – dette møder vi især i musikæstetikken[139] – gør disse to ellers forskellige synsvinkler del-

---

[138] Eksempelvis: sonatens "væsen" (som det manifesterer sig også i genrer som bl.a. strygekvartet og symfoni, senest fr.o.m. Beethoven) indebærer en række indre funktionelle egenskaber: tematisk/motivisk dualisme med opløsende, integrative og udlignende momenter i det videre udviklingsforløb (o.m.a.).

[139] Med stor intensitet henimod midten af 1800-tallet, bl.a. hos Gottfried Wilhelm Fink og Ferdinand Hand i deres instrumental-

vis beslægtede med hinanden.

Derudover kan man, i et andet systematisk perspektiv, skelne mellem forskellige *anvendte* formbegreber (stadig i principiel forstand, ikke som konkrete formtyper). Her må man samtidig tage i betragtning at form forholder sig uløseligt til et andet fundamentalbegreb: *materia* (stof), som jeg dog ikke refererer til i det følgende.[140]

1. Form som et proportions- og symmetri/asymmetrispil mellem enkeltdele: satsafsnit m.v. Dette formbegreb hviler på en potensering af rytme, sådan som det er udtrykt i Eduard Hanslicks (1825-1904) formulering: form er essentielt *"Rhythmus im Großen"*: rytme i stort format. Analogien til arkitektur (og skulptur) er åbenlys og er udtalt flere gange, først af filosofferne Arthur Schopenhauer og Friedrich Schelling ("arkitektur som 'frossen musik'"); i nutiden af arkitekten Le Corbusier ("musik er, som arkitekturen, tid og rum"). Efter denne anskuelse er form primært en extensiv foreteelse; et musikstykkes form kan – pædagogisk formuleret – siges at svare til *grundplanen* for et hus.

2. Et formbegreb som går tilbage til Aristoteles og ifølge hvilket form konstituerer sig på grundlag af et 'virkende' princip (*enérgeia*) og et retnings- og bestemmelsesgivende princip (*entelécheia*). Det betinger, i for-

---

musikalske genreteorier. Men det spores ligeledes tydeligt i Adolph Bernhard Marx' "evolutionistisk" strukturerede formlære-værk *Die Lehre von der musikalischen Komposition I-IV.* Leipzig 1837-47 (navnlig i den del som Marx betegner som 'anvendt kompositionslære').

[140] For en mere indgående redegørelse henvises til S. Dahlstedt: *Form och funktion. Ideer i Musikhögskolans lärerutbildning 1947-1976.* Hedemora 2007, s. 104 ff. Min tekst bygger dog først og fremmest på andre, mere direkte musikalsk applicerede informationer end på denne kilde.

hold til 'form 1', hvad man kan kalde et 'indre' formbegreb. Påberåbelsen af form som udtryk for en logisk, hhv. organisk sammenhæng går i særdeleshed tilbage på denne ontologi.[141] Form beror herudfra på et indre *grundlag*, der (smlg. ovenfor) kan siges at svare til *fundamentet* for et hus (i virtuelt dynamisk bestemmende forstand), mere end at være bestemmende for bygningens omrids og anordningen af dens enkelte rum. Dette billede gør det nærliggende at tilføje det aristoteliske bestemmelsesmoment *dynamis*: en kraft som realiseres i den tidslige dimension af de to ovenfor nævnte principper.

Man har her (ad 'form 2') talt om form som et *principium intrinsecum,* hvor formbegreb 1 indebærer et *principium extrinsecum.*

Det må understregs at ordene 'logik' og 'organik' er at betragte som det der tidligere (side 135) blev kaldt symbolske generaliseringer; det er fristende at sige at ordene reelt kun er metaforer. En egentlig 'logisk' form kan i hvert fald kun fremgå i konsekvens af en komplet gennemkonstruktion, typisk i form af en seriel organisation af flere musikalske parametre (tonehøjde og varighed); og her vil 'form' endda skulle forstås som et overordentligt "indre" (og dybest set abstrakt) begreb: helt på linie med Adornos udlægning (jf. s. 155).[142] I al-

---

[141] Det må understreges at Hanslicks formanskuelse (jf. under foregående punkt 1) også, og først og fremmest, er i overensstemmelse med formbegreb '2'.

[142] På lignende måde hos den svenske musikforsker Bo Wallner: *"Form* [är] *förhållandet mellan organiserade tonhöjder och tidsvärden* [...] *Formen blir helt enkelt en med de tre elementen: rytmik, melodik och ackordik jämställd grundförutsättning för all musik".* (*Det musikaliska formstudiet.* Stockholm 1957, s. 4.)

mindelig sprogbrug (hvad der, brugt i en formmæssig forbindelse træffes oftere end som så) må 'logisk' indskrænkes til at betyde, at en forklarlig sammenhæng er fremtrædende; men omfattende hvor meget? og hvor konsekvent sammenhængende?[143] Det specificeres sjældent eller aldrig – ordet bruges i den form for betydning man kalder meningsobjektivistisk.

(3.) En musikalsk formforestilling der især grunder sig på et *udtryksbegreb* og på overbevisningen om at musik er et "sprog" (frem for alt et følelsernes sprog). I denne sammenhæng har betydningen af form sit tyngdepunkt i det for musikkens og følelseslivets dynamik fælles kendetegn: *bevægelse*. På dette grundlag afhænger en meningsfuld formmæssig sammenhæng af komponistens evne til at gestalte sit udtryksmæssige behov med musikalske midler på en måde der for tilhørerne virker *forståelig*. Bedømmelsen ud fra dette kriterium bliver bestemmende for, hvorvidt musikstykket besidder 'form' eller om det betegnes som 'formløst'. En senere tids formlærebøgers anvisninger (thi 'form 3' er hovedsagelig af ældre dato end 1800-tallet) ville ikke blive tilskrevet nogen afgørende æstetisk autoritet: det ældre kriterium for relevans beror først og fremmest på de rent tekniske, eller som man sagde: de 'udførende' musikalske midler (i "materiel" forstand) der er taget i anvendelse. Det kompletteredes med begrebet 'anlæg' – nærmest lig med 'form 1' – som en nødvendig, men

143 Derimod tages begrebet kontingens (se s. 68 og 106) noget for sjældent i betragtning med henblik på en mere nuanceret – eller mere bevidstgjort – formbetragtning. En relevant formanalyse af f.eks. (og som et godt eksempel) finalesatsen af Robert Schumanns 2. symfoni, C-dur, op. 61 (1845-46) påkalder sig med nødvendighed et udkig mod forhold af kontingensmæssig art inden for hele værket.

underordnet størrelse.[144]

Efter denne korte betragtning af dette emne i dets teoretiske mangfoldighed vil jeg nu gå videre i mere praksisbetonet retning. Men ikke uden først – som en slags overledning hertil – at råde enhver studerende indtrængende til at foretage et omhyggeligt studium af et stykke pligtmæssig lekture: Poul Nielsens bog *Den musikalske formanalyse.*[145] Begrundelsen for denne påmindelse er den, at en analytisk praksis (eller formel kompetence i denne henseende) uden bevidsthed om forudsætningerne for de indlærte regulativer af formlæremæssig art, dvs. om teorien bag disse, på en vis måde er blind over for sit genstandsfelt.

Analysens gang. 'Det analytiske blik'

Når man i sit studium er blevet undervist i analyse på de elementære niveauer: omkring harmonik, metrik og rytmik, motiviske og tematiske elementer og deres stilling og betydning i den musikalske *syntaks,* og desuden omkring formlæren (i pædagogisk tillempet form), vil man nok få forelagt en konkret, ikke alt for omfattende opgave: at udføre en analyse af en eller anden sats, der sandsynligvis er komponeret engang i 1700-tallets anden halvdel.

---

144 Derfor kan en teoretiker som Heinrich Christoph Koch i sin *Versuch einer Anleitung zur Composition* (1787) også hævde – hvad der i dag må virke ret misforstået – at formen er "noget tilfældigt [...], der egentlig har ringe eller slet ingen indflydelse på musikstykkets indre karakter". (Oversat cit. efter nyudgaven, Hildesheim 1969, s. 117.)

145 Med undertitlen *Fra A.B. Marx' "Kompositionslehre" til vore dages strukturanalyse.* Kbh. 1971.

Denne opgave udfører man så måske på baggrund af et kort musikhistorisk rids: som dekorativ baggrund for eller (bedre) til perspektivering af sin analyse. Eller man opfatter opgaven som rent teknisk bestemt og forholder sig da ud fra en art stilnorm – eller mere realistisk, men også mere udfordrende og relevant: et stilmæssigt landskab hhv. horisont. Så godt eller så ufuldkomment man nu er i stand til at orientere sig heri.

Enten begynder man vel i fugleperspektiv: med at inddele stykket i hovedafsnit og benævne dem efter deres forskellige indbyrdes funktioner, hvorefter man går over til en detaljeret redegørelse for stykkets enkeltheder. Man betragter da først og fremmest musikken, formmæssigt set, i et nært analogiforhold til arkitektur: i et extensivt formaspekt (jf. 'form 1' i forrige underafsnit af dette kapitel).

Eller også beskriver man musikken mere eller mindre rent fortløbende og knytter sine analytiske observationer til undervejs, hvad der så (lige som efter den førnævnte fremgangsmåde) vil kræve forskellige tilbage- og fremadvisende manøvrer i den analytiske tekst. Om der i denne forbindelse kan blive tale om en specificering af et formmæssigt *principium intrinsecum* (jf. ligeledes forrige afsnits 'form 2'), er der i en vis forstand bedre forudsætninger for efter denne strategi, om end det nok ikke vil lykkes helt i de første forsøg.

Men efter en række erfaringer med at analysere musik på egen hånd, og med en gradvis opdagelse af, hvilken udfordrende frihed der ligger i at skulle disponere de forskellige musikalske elementer eller dimensioner i forhold til hinanden, vil der nok også have dannet sig et vist kendskab til andre praktiske ledelinier end lige de ovenfor nævnte, ret firkantet fremstillede.

En af de dominerende måder at agere på, herefter, vil typisk bestå i at gøre begrebet *enhed* til en ledelinie for analysen. At søge en stoflig enhed – eller, mere i overensstemmelse med realiteterne: et vist mål af enhed – inden for satsens eller værkets mangfoldighed af detaljer. For under denne synsvinkel har man en tydeligere fornemmelse af at kunne lægge hånd på noget konkret og samtidig væsentligt. Og en umådelig mængde af fuldt professionelle musikalske analyser har præsenteret sig med hovedvægt på en enhedsbetonende *strukturel* gennemlysning af musikalske objekter.[146]

I virkeligheden er det under denne synsvinkel måske ikke så meget 'enhed', der eftersøges, som det er sammenhæng og derigennem en særlig art af 'helhed'. Men det førstnævnte aspekt er ofte explicit anført; jævnfør det aristoteliske begreb "enhed i mangfoldighed" eller Arnold Schönbergs lige så prægnant udtrykte æstetiske fordring om *"die Einheit der Gestalten,* [som skal stå inde for] *die Einheit des Gedanken"*.[147]

Et helt andet udgangspunkt, hvor begrebet *helhed* (mere end 'enhed') toner frem som analytisk ledelinie, har vi at gøre med i den særlige erfaring, hos lytteren,

---

[146] Hertil er der givet grundig information sammen med en mængde konkrete specifikationer i Poul Nielsen: *Den musikalske formanalyse fra A.B. Marx' "Kompositionslehre" til vore dages strukturanalyse.* Kbh. 1971, s. 184-234.

[147] A. Schönberg: *Gesammelte Schriften 1.* Hrsg. von Ivan Vojtech. Frankfurt a.M. 1976, s. 227. – Det centrale begreb i denne forbindelse er Schönbergs ikke så let gennemskuelige forestilling om 'den musikalske tanke', et begreb der hos ham omfatter langt mere end musikkens *tema,* nemlig temaets/tematikkens "konsekvente" udvikling (og her ikke *kun* legitimeret af den tilgrundliggende melodiske serie på de 12 toner i den kromatiske totalitet).

læseren eller betragteren, at en helt eller næsten "ikke-teoretisk", men *opmærksom* tilegnelse af et kunstværk (lyttende til eller spillende det) kan afsætte en stærk følelse af at være vidne til en 'helhed' – helt uanset at det givne kunstværk måske rummer mængder af decideret uensartede, måske ligefrem kaotisk prægede momenter. Denne æstetiske erfaring – der er komplementær til det mere dominerende udgangspunkt: kunstværket betragtet som et *objekt* – ligger, som jeg forstår det, meget nær ved begrebet 'det autentiske'[148] og hører som sådan f.o.fr. til på oplevelsessiden, men grunder sig på værket. Og det udelukker på ingen måde at den musikalske analyse kan se det som sin opgave at rationalisere disse indtryk og iagttagelser.

Det er her tale om et fænomenologisk spørgsmål, som i musikvidenskabelig sammenhæng er glimrende beskrevet af Fred E. Maus med udgangspunkt i filosoffen John Dewey's *The Experience of Art* (1934).[149] Maus undlader, som det ses, ikke at referere til begrebet enhed i forbindelse med denne form for erfaring; måske dog mest for at gå i offensiven over for *"our prevailing habit of thought"*, der består i at søge enheden i *objektet,* nærmere bestemt i en værkstruktur.[150]

---

[148] Se J. Dehs: *Det autentiske. Fortællinger om nutidens kunstbegreb.* Kbh. 2012.

[149] F.E. Maus: "Concepts of Musical Unity", in: Nicholas Cook & Mark Everist (eds.): *Rethinking Music.* Oxford, N.Y. 1999, s. 171-192.

[150] Nærheden mellem begreberne 'enhed' og 'helhed' – men også at 'helhed' er noget *for sig* – fremgår af Maus' række af *"terms, all of which summarize qualities related to unity* [enhed]: 'coherence', *'completeness'*, 'comprehensiveness', 'fusion', *'integrity'*, [...] *'perfection'*, *'self-sufficiency'*, [...] 'wholeness'". (*Op. cit.* s. 184.) — Jeg har her kursiveret de især *helheds*-betegnende ord. Et ord som *self-*

Hovedtanken i Dewey's kunstfilosofi er at tydeliggøre *"relations and interactions between art and other aspects of life"*, idet han fremhæver en kontinuitet *"between the refined and intensified forms of experience that are works of art* [på den ene side] *and the everyday events and doings* [etc., på den anden side] *that are universally recognized to constitute experience"* (Maus s. 179). Den æstetiske oplevelse har sin særlige betydning gennem sin fremhævede (*distinctive*) kvalitet og intensitet i forhold til andre, mere "ordinære" og hurtigere glemte typer af oplevede hændelser.

Dewey udtrykker egenarten af den særlige æstetiske oplevelse – eller erfaring af autenticitet – ved at skelne mellem *experience'* (tydeligere måske: *'experience**s**'*) for de dagligdags, til stadighed forekommende, mere eller mindre upåfaldende af slagsen, og *'**an** experience'* for den æstetiske, i kraft af dennes *distinctive* karakter.

Det andet hovedmoment i Dewey's liv/kunst-filosofi er et vekselspil, som han konstaterer i den distinkte oplevelse af kunst og andre manifestationer af autenticitet (for eksempel i en udsøgt kulinarisk oplevelse, og ikke mindst i genuine naturindtryk). Det drejer sig om en særlig vekslen mellem aktive og mere passive momenter i forløbet. Han kalder disse foreteelser *doing* og *undergoing*: Der handles, men der sker også, derigennem, noget med én.[151] En væsentlig æstetisk oplevelse er ikke

---

sufficiency går således nærmest *imod* begrebet *enhed,* som inden for den relevante diskursive tradition (jf. f.eks. Schönberg-citatet) forudsætter en relation til noget distinkt andet, men af samme art.

[151] Det sidstnævnte har en nøje parallel hos filosoffen Hans-Georg Gadamer, som betragter forståelse som noget der i væsentlig grad *sker* med os. Forståelse er lige så meget en hændelse som en handling. "Spørgsmålet er ikke, hvad vi gør, ikke hvad vi skal gøre, men derimod hvad der sker med os udover det, vi bevidst vil og gør."

kun noget der involverer aktiv medvirken og koncentration; den fremkommer også som led i en nydelse, en kæde af "hedonistiske" momenter der indfinder sig i tilegnelsen, og som også giver os en erfaringstilvækst. I princippet ikke af ringere betydelig end den forøgede erfaring som vi tilkæmper os under en fase af *doing*. Og dette andet, hændelses-prægede stadium i vores erfaringsverden har en tydelig helhedskarakter.

Den nævnte relation mellem *doing* og *undergoing* lader sig endvidere fortsætte, i en slags kredsløb: tilbage til endnu en *doing*; det kan f.eks. udmønte sig i en analytisk handling hvori (som det primære) den æstetiske oplevelse fikseres i en erfarings-meddelende form.

Denne fremstilling (min mere end Maus') er forenklet, og den kan højst gøre det ud for en situationsoptegnelse af overgribende art. Den blev her givet, navnlig af den grund at den henviser til den specielle og helt særegne autentiske erfaring som kunstværker meddeler (eller kan meddele). For det musikalske kunstværks vedkommende – som for abstrakt billedkunst – understreges det autentiske: det selvberoende og fundamentalt helhedsbetonede, samtidig af et vilkår: en vis stumhed m.h.t. betydningsangivelse forstået som henvisning til nærmere bestembare indhold (eksempelvis maleriet der fremstiller et landskab eller et borgerligt interiør, osv.). Grænselinien for betydningserkendelse er bestemt af en manglende *kongruent* overensstemmelse mellem selv den rigeste mening eller betydningsvalør som man får med sig, eller uddrager, gennem sin lytning og sin analytiske granskning, og så den første instans: den rent musikalsk udtrykte *ubestemthed* ved musikken.

(*Sandhed og metode. Grundtræk af en filosofisk hermeneutik.* Aarhus 2004, s. 474.)

Hvad der endnu mangler i det analytiske ærindes perspektiv, som forberedelse hertil, er en angivelse af en nøjere specificeret *forståelsesform*, som (i det mindste indirekte) kan trække metodiske ledelinier efter sig.

En sådan har jeg fundet i filosoffen Dag Østerbergs lille, men trods koncentrationen omfattende bog *Forståelsesformer*.[152] Og 'fundet' skal ikke mindst betyde: tilsluttet mig.

Østerberg lægger, efter grundige forarbejder i bogen, afstand til erkendelsens ofte hævdede hovedydelse: dens evne til at opsætte *regler*, og siger at hvis 'forstanden' kun bestod heri, så kan den ikke forstå undtagelser, nye situationer, som andet end afvigelser fra en regel.[153] Den forstår essentielt ikke *forandringens* virkelighed. Han anfører af den grund en så at sige mere virkelighedsnær "beskrivelse af kundskabstilegnelse og erfaring – af dét at sanse og begribe – som er [...] uforenelig med regeltænkningen", og som så at sige kuldkaster den. Hans eksemplificering er ovenikøbet af musikalsk art:

> Begripelsen kommer etter sansningen, og gir seg [likevel] som i grunnen ett med den. Tilfellene er utallige, så som den melodien jeg hører nå og etter hvert drar kjensel på [dvs.: efterhånden begriber]. Hva jeg hørte var igrunnen ubestemt inntil jeg kjente melodien igjen, *begrepsbestemte* den. Og likevel: Når den først er blitt begrepet, er det som om den var der fra første stund, som om mitt begrep om melodien forelå før jeg *sanset* den. [...] Best uttrykker vi kanskje forholdet mellom erfaringen og forståelsen, sansningen og begripelsen, ved å si at sansningen innebar en demrende, en *latent* begripelse som siden ble

---

152 Oslo 1966; helt specielt s. 62 ff. (fra og med § 88).

153 Også af denne grund er jeg tilbøjelig til stort set helt at afvise Heinrich Schenkers analyse*system*, som mener at kunne behandle det meste af al dur/mol-tonal musik efter den samme reduktive skabelon. For en ultrakort demonstration af hans *Ursatz*-afdækkende metode, se I. Bengtsson: *Musikvetenskap*. Sthlm. 1973, s. 240, 242.

> klar og *manifest*. Begripelsen kommer ikke til på noe bestemt tidspunkt; den er der hele tiden, men i forskjellig form. Et slikt forhold mellom det latente og det manifeste er et tilfelle av egentlig *forandring*. [...] Der er en enhet mellom det som forandres og det som forandringen består i, det er noe som har forandret *seg*. Den forandrete tilstand viser tilbake til den foregående, som dennes forandring. Forandring er et *indre* forhold mellom to emner eller værender og dermed noe annet enn regelmessighet og unntak fra regler.[154]

Det er ganske interessant at konstatere at denne opfattelse har klare lighedspunkter med John Dewey's ord *doing* og *undergoing* og deres implikationer. Den er ligeledes tydeligt kongruent med H.-G. Gadamers filosofiske hermeneutik (jf. fodnote 151).

Men – som læser ville jeg på nuværende tidspunkt spørge forfatteren, som en gang imellem Karen Blixen, når hun fandt at en samtale var blevet lovlig langstrakt og luftig: "Kunne De nu ikke give os et eksempel?"

Det gør jeg gerne. Og eksemplet tager jeg i én af mine, lige her og nu, største musikalske oplevelser af 'helhed' – blandt mange andre *distinctive experiences* i tiden –: genhøret med en klaversonate af Beethoven: As-dur-sonaten fra 1821 (efter ikke at have lånt den øre i mange Herrens år). Fremlæggelsen bliver ganske skitsemæssig, blot en række punktvise nedslag som skal give et indtryk af, hvordan denne sjældnere udtalte opfattelse af *helhed* kunne tage sig ud i en analytisk udmøntning.

Men også for ikke at lade det udvikle sig i retning af en artikel i sig selv. På den konto må jeg give afkald på stort set al musikhistorisk og anden sidebelysning. En

---

154 *Op.cit.* § 89. Bemærk også, fra § 93 sst., udsagnet: *"Av denne grunn begynner vår erfaring aldrig, men gir seg for oss alle som noe som allerede er begynt. I paradoxal form: Å erkjenne er å gjenkenne for første gang."* — Altså: ingen forståelse uden en matrix herfor.

grundforudsætning for analysens gang er den tidligere meddelte konstatering (og ikke blot 'opfattelse'): at den erkendende erfaring af det betragtede ikke begynder ud fra en *tabula rasa,* men her – som altid – *er* begyndt, på forhånd er betinget (jf. fodnote 154 m. tilbehør).[155]

Jeg giver mit eksempel en overskrift. Af to årsager: Den specifikke grund er at en analyse af den givne art, på baggrund af en *distinctive* og helhedspræget æstetisk oplevelse, ret naturligt vil "fortætte" sig omkring det særlige eksempels erfaringsskabende kernepunkter. Og som den mere generelle begrundelse: for at videregive det råd til studerende at øve sig, ved hjælp af den enkelte analyseopgave, i at finde og derefter formulere et nærmere fokuspunkt, eventuelt på det lyttemæssige og specielt oplevelses-, hhv. erfaringsmæssige grundlag. Derved bliver der større udsigt til at analysen kan hæve sig op over et resultatet af mere eller mindre mekanisk eller skabelonmæssig art.

Altså:

Restriktion og klanglig strømmen

Ludwig van Beethoven: Sonate for klaver, As-dur, op. 110

Motto:

"Med sandheden forholder det sig som med lykken:
man har den ikke, man *er* i den."[156]

---

[155] Hos Gadamer er denne konstatering bærende i hans hovedværk. Vi medbringer *altid* fordomme (mindre fordomsfuldt udtalt: forudforståelse); og fordomme er ikke noget vi skal prøve at skille os af med, men vi skal sørge for at eliminere de ukvalificerede, sandhedsfremmede fordomme i forhold til teksten. I tillid til dennes indhold af sandhed (hvor den ikke, som det principielt kan forekomme, fremstiller sig selv som usand).

[156] Let dekonstrueret efter Th. W. Adorno: *"Mit dem Glück ist es nicht anders als mit der Wahrheit: Man hat es nicht, sondern ist darin."* (*Minima Moralia,* in: *Gesammelte Schriften,* Bd. 4, s. 143.)

Sonatens 1. sats (*Moderato cantabile molto espressivo*) indledes af en 3½takters frase, '*choraliter gesetzt*' (altså en satsfaktur overvejende node mod node). En "solistisk" udsmykket kadencevending fylder den 4. takt ud, og denne figur foregriber samtidig, dermed, de følgende 8 takter med deres præg af en arie eller måske snarere *arietta*. I hvert tilfælde har disse takters melodik en vokal, liedmæssig karakter, der bestyrkes af det gennemgående v.h.s-akkompagnement af efterslags-typen.

Men kontinuiteten har allerede her, på trods af den herskende vokalitet, sin begrænsning: en ny satsfaktur meldte sig allerede med takt 5 og mærkes som et brud. Samtidig med den fælles sangbarhed har disse første 12 takter noget vist stift eller afmålt over sig.

Et langt stærkere brud sætter dog ind med den (metrisk overlappende) takt 12: et ubrudt strømmende, udpræget pianistisk forløb af 32.-dels-guirlander. Først nu er fornemmelsen af en "ægte" klaversonate til stede; indtil da har det sonatemæssige (i den givne kontekst af en 1.-sats med kun ét tempo) højst kunnet manifestere sig ved en *quasi una fantasia*-karakter. Og det bliver en pointe ved denne analyse, og at fremhæve som en tese, at denne satsfaktur, der på en vis måde først her sætter sonaten "i gang", danner en regulær *centrums-instans* i værket: Her, og i andre, lignende afsnit og passager i sonaten, befinder man sig som lytter i, hvad jeg med en frimodig betegnelse vil kalde satsens, og egentlig hele værkets, "rette element". Det *kan* måske registreres så at sige intuitivt fra allerførste færd; men ellers må det klart fattes, retrospektivt, som et intersubjektivt, ja i retning af et objektivt funderet væsenstræk, senest når man er nået til vejs ende i værket.

Enormt vigtigt er det dog samtidig at fremhæve nogle stærke *kontinuitets*momenter i denne brudte sammenhæng (jf. analysens status som eksempel på en æstetisk helheds- mere end enhedskarakter). Det tydeligste og mest iørefaldende er en næsten gennemgående harmonisk-tonal vekslen mellem Tonika (T) og Dominant (D): Takt 1: T, t. 2: D, t. 3: T og subdominant (S), t. 4: D; t. 5: T, t. 6: D, t. 7: D, t. 8: T (den omvendte funktionsfølge).

Og derpå t. 12ff.:

Takt 12: T, t. 13: D, t. 14: T, t. 15: D; t. 16: T; hvorefter harmonikken, som i takterne 9-11, går ud i andre regioner og med hyppigere akkordskift end hidtil ellers.[157]

Langt mere subtilt, men også af mere vidtrækkende betydning, er en metrisk skiften inden for satsens taktart: 3/4. Metrikken i 32.-dels-figurværkets tonika-takter (t. 12, 14 og 16) er 6-delt (= 6/8); dette er klart markeret af de seks (eneste!) tonika-toner i disse akkordbrydende takter: *as''-as'''-as''-as'-as-As* (i t. 16 afløst af akkordtertsen *c* med samme pulsmarkerende status). 6/8-takt er metrisk set grundlæggende en 2-deling (**1**-2-**3**-**4**-5-6). Heroverfor står de mellemliggende takter: t. 13, 15 samt t. 17ff. lige så tydeligt i 3/4-takt: venstre hånds pauseafbrudte akkordslag (der så godt som helt mangler i de metrisk set 2-delte takter) sørger effektivt for det; thi samtidig fortsættes den periodiske følge af ens toner, nu dominant-kvintens *b*, seks gange i takten (og opadgående). Men her som følger: *B-b-b-b'-b'-b''*. Hvor der før var tale om et akkordspand på 4 oktaver (*as'''–As*), går altså omfanget i dominant-takterne kun over 3 okta-

---

157 Det er forhåbentlig overflødigt at understrege, at tilegnelsen af analysen forudsætter at læseren har nodeteksten til sonaten ved hånden, og løbende korrelerer analysen med noden.

ver.[158]

Det subtile moment, som blev nævnt ovenfor, består i at den samme taktvise vekslen: mellem en 6/8-karakter (eller en fornemmelse heraf) og den foreskrevne taktart: 3/4 også gør sig gældende straks fra begyndelsen af satsen; om end, som antydet, langt svagere. Takt 1 er ikke mærket af det – den *står* i 3/4 lige som t. 2, 4, 6 og 8 –; men med de melodiske fraseringer: den synkoperede rytme i takterne 3, 5, 7 og 9, samt takt 10(!) ligger det anderledes: en primær 2-deling er ganske vist knap nok hørbar, men en 6-deling (altså en 6/8-rytme) er mærkbar, selv når man tager de akkompagnerende akkordslags repetitive figur, med dens 3 forekomster pr. takt, i betragtning. Som i passageværkets takter står altså tonika-takterne (lige bortset fra t. 1) latent i 6/8, dominanttakterne i 3/4.[159]

Denne metriske "interferens", som i hele det resterende satsforløb kun gør sig gældende hvor de hidtil omtalte temaelementer igen træder i forbindelse med hinanden, ville nok ikke have fortjent så megen opmærksomhed, hvis det ikke var fordi en lignende tvetydighed – og, med mindre vægt: en hoved-brudlinie noget lignende dén der frem for alt adskiller t. 1-11 og t. 12ff. – også gør sig gældende i den efterfølgende scherzosats (der dog ikke er explicit benævnt som sådan). Herom siden.

Det udpræget strømmende forløb fortsætter indtil takt 20; men med t. 19 som en melodisk og figurmæssig afviger: et varsel om en afslutning på den foregående sats-

---

158 Oktav"rummet" i t. 16 omfatter også kun 3 oktaver; det understreger taktens overgangsstatus i henseende til den følgende lange, gennemført 3-delte metrik (med en mere differentieret harmonik).

159 Med den undtagelse der består i t. 7-8s omvendte funktionsfølge: D-T.

types føromtalte fornemmelse af "saligheds"-tilstand.

Og afbrudt bliver der her, med manér: Satsens første store blokeringsmoment indtræffer i form af en anorektisk tynd, komplementærrytmisk *unísono*-passage, der efter 2 takter varieres til en tilsvarende 2-takts passage i decimer. Den næste totakter (t. 23, 3.slag - t. 25, 1. slag), som står helt node mod node, fortsætter dette forløbs ikke bare statiske, men i stampe stående præg. Alt dette understøttes af en harmonik der fortsat pendler mellem i alt væsentligt kun to harmoniske funktioner, og som før: med tonika og dominant som de fremherskende. Også de store, faldende oktavspand optræder atter: i t. 20-23 samt – samtidigt faldende og stigende, i h.h. og v.h. – i *eksposition*sdelens afslutning, t. 38-39. Og her igen: unísono.

Med det kursiverede formaltekniske begreb nævnt (for første gang og som det eneste) er der grund til at fremhæve at dette ikke er tilfældigt. Der er, som det har fremgået, indsnit nok i ekspositionen; eller snarere kløftdannelser, med både skred og stagneringer til følge. Men nogen formkategorial cæsurering er det knap nok muligt at tale om; ej heller om hovedtema (dets omfang eller afgrænsning, herunder sammensathed), sidetema samt "tertiære" elementer: 'overledning' og 'epilog'. Den formale dialektik eller "dramaturgi" hænger med andre ord ikke sammen med sådanne traditionelle størrelser. Og jeg har derfor renonceret på at sætte pegefingeren på en eneste af dem. Beethoven har da også undladt, efter den dengang endnu gængse skik, at markere en gentagelse af ekspositionen. Ja man finder ikke engang nogen abstrakt formcæsurerende dobbeltstreg i nodeteksten, mellem takt 39 og t. 40.

*

Herefter kan det nu gå noget raskere med denne, som annonceret, "skitsemæssige" analyse. *Midterdelen* i satsen er meget længe, i 23 takter ud af i alt 30, så godt som helt koncentreret om det første 2-takters motiv, grupperet med sig selv i 4-taktsmoduler, for det meste med "takt 1-2" (i den lokale harmoniske sammenhæng – satsafsnittet lægger således ud i f-mol) efter det oprindelige T-D-mønster, fulgt i "takt 3-4"af den omvendte vending: D-T (som tidligere t. 7-8); og med V.-trinet ofte varieret til en *bi*dominantisk takt (f.eks. t. 47 og t. 51). Dette 4-takters modul bringes følgelig omkring i stadigt nye harmonisk-tonale sammenhænge. Der er generelt ikke megen *gennemførings*karakter, i Beethovensk forstand[160], over dette midterparti.

I stedet er det en art *formdynamisk* musikalsk logik der her råder ('dynamisk' forstået i relation til analysens overskrift: modsætningen mellem restriktion og klanglig strømmen). Væk er det motiviske elements oprindelige koralmæssige sats; den er overtaget af efterslagsakkompagnementet fra t. 5ff., men kun for 4 takter. Derefter bliver alt akkompagnement af en ægte strømmende karakter: kontinuerlige 16.-dels skalabevægelser.

Med den lange modulationskædes udmunding i sat-

---

160 Carl Dahlhaus henviser, i en anden sammenhæng, til Franz Schuberts typiske gennemføringsteknik i satser af lignende karakter som denne, og skriver at den *"zweifellos aus abschweifenden Modulationen der Kantilene zusammengesetzt worden wäre"* [som f. eks. i 1. sats af Schuberts klaversonate i B-dur, D. 960, *B.M.*] *"Für Beethovens teleologisches Formdenken bot* [*diese Technik*] *jedoch kaum Anhaltspunkte."* – Her synes den imidlertid at være i spil. Dahlhaus peger i stedet (hans undersøgelsesgenstand er Beethovens sonate op. 78) på "betydningen af det subtematiske som mod-instans til temaets kantabilitet". (*Ludwig van Beethoven und seine Zeit* (3. Aufl.), Laaber 1993, s. 250.)

sens og værkets hovedtoneart As-dur, t. 56, intensiveres venstre hånds ledsagerytme til 32.-dele – man bemærke den smidige overgang i t. 55: h.h.s længere trille og de 4 afsluttende 32.-delstoner i v.h. Og med denne overgang griber 6/8-rytmen igen interfererende ind i 2-takts-modulets stabile 3/4. Men kun i denne første takt, t. 56, svarer den hermed genoptagne klangflade til det oprindelige afsnit, t. 12ff. En egentlig genoptagelse skal dog ikke vente længe på sig.

Satsens mangel på traditionel kategorial sonatemæssig formning viser sig også i en udpræget tvetydig overgang til reprisen. Dette satsafsnit manifesterer sig klarest i takterne 70-104 (fra cirka t. 81 en ret stærk ekspansion af takterne 24 m.optakt og ekspositionen ud). Men forinden har en meget nodetro genoptagelse af den hidtil upåagtede eftersætning t. 5-12 gjort et vist repriseagtigt indtryk. Til den afvigende karakter hører at dette element lægger ud i subdominanten, Des-dur, og at det videreføres med modulation til det strømmende "satskerne"-element (t. 70ff.) som her – også mindre reprisemæssigt i traditionel forstand – står i E-dur. Det afbrydes, som tidligere i satsen, af det blokerende, magre unísono med den påfølgende variation i decimer.

Satsen signalerer at ville slutte straks efter takt 104; men som en triumferende bekræftelse af den strømmende klangflades centrumsdannende funktion følger endnu engang, og nu for tredje gang enerådende, denne frydefuldt bølgende tematiske "reduktion" (og på samme tid: berigelse) af satsbegyndelsen: det kategorialt set en anelse tvivlsomme hovedtema.

Men trods alt ikke som et punktum endsige et triumfalt udråbstegn. Det sidste ord, og værkets klart kun foreløbige slutningsdannelse, gives i form af endnu en fastkøring: Helt afgørende gennem t. 115s (m.optakt) *forte* anslåede, højspændte akkord: As-durs dominantseptimakkord med en hård forslagstone, *fes* før *es*, over bassens ligeledes dissonante interval: nonen *'As-B*, inden den dobbelte, på samme tid autentiske og plagale, slutning i tonika.

*

Hvad 2. *sats, Allegro molto*, angår er det i et analytisk ærinde især vigtigt, når en helhedspræget erfaring af værket skal dokumenteres, at pege på den *gennemgående* metriske tvetydighed der præger satsen. Hovedmotivets hexachord: *c-b-as-g-f-e* (T^5 —> D^3) er af en vis huggende virkning, som har at gøre med den koralmæssige satsmåde der er gennemgående i det første formafsnits 41 takter.

Taktarten er angivet som 2/4; men denne todeling interfererer med en lige så klar fornemmelse af 3/4: *c''-b'-as'* | *g'-f'-f'* | *e'*—| *g''-e''-c''* | *c''-cc''-d''* | *e''*— |. Begge gange er den afsluttende tone *e* dog kun af 2/4's varighed. (Men denne skandering kommer siden igen.)

Senere bliver tvetydigheden af en anden art: Er forløbet fra takt 17, rent høremæssigt, fuldtaktisk som noteret, eller optaktisk i en 4/4-taktart: *as'* |*as'-g'f'-es', c''*| *c''-b'as'-g', es''*| (osv.)? Også den 2 takter lange, uventet afbrydende generalpause kort før repetitionstegnet bestyrker den generelle rytmisk-metriske spøgefuldhed fra komponistens side.

Det lange midterstykke i satsen (t. 42-96) udgøres af en serie af flimrende guirlander, gående over 8 takter i 2/4. De består egentlig kun af to skiftende elementer à fire 8.-delstoner: 1. takt [intervaller]: 4↘ 3↗ 2↘; 2. takt: 3↗ 2↘ 3↘, o.s.fr. (Se det følgende nodeeksempel.) Det *kan* også høres som regelmæssigt forløbende figurer à tre 8.-delstoner: 4↘ 3↗| 4↘ 3↗ etc. Nogen metrisk regelmæssighed er der dog ikke tale om i dette strømmende forløb: Taktarten, som er temmelig abstrakt, har et vist præg af 3/4 i to takter, derpå en 2/4-takt, så igen to takter à 3/4, og afsluttet af det dobbelte oktavspring i 2/4. Altså lige som man nærmest opfattede metrikken i satsens begyndelse! Bestyrkende for en 3/4-takt virker også venstre hånds på ubetonet tid (i 2/4) anbragte bastoner i t. 43: *as*, og i t. 47: *es''*; de bliver nu betonede og vedligeholder 3/4-takten i fortsættelse af t. 42, hvor dette guirlandeforløb starter. Men en bekræftelse mangler rigtignok for takt 46's vedkommende.

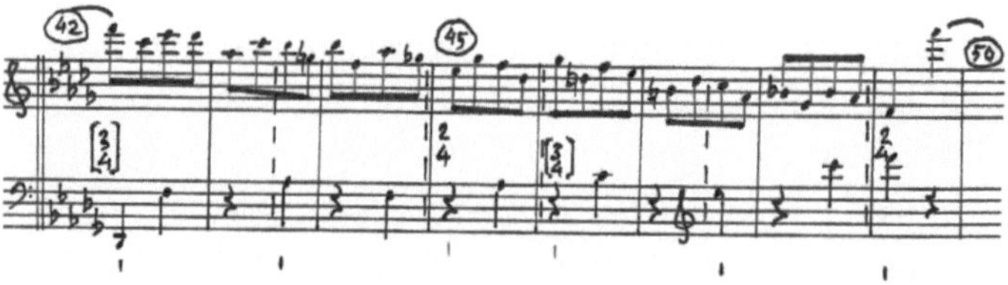

Dette er afgjort musikalsk avant-garde anno 1821, men samtidig i smuk overensstemmelse med en datidig teoretisk karakteristik af scherzoens væsen: *Ein wahres Spiel mit musikalischen Formen.*[161] ('Former' naturligvis ikke forstået som formtype eller -mønster, men i betydningen: musikalske formelementer.)

Satsen vender, netop efter traditionelt mønster, tilbage til det første, node mod node-gående forløb. Den herefter følgende *coda* (takt 146ff.) afbremser med sine gentagne, heltaktspause-afbrudte, hårdtslående akkorder satsen yderligere. Karakteristisk for dette vekslende anlæg i værket er de afsluttende 4 takters afspændende

---

[161] Jf. W. Steinbeck: "'Ein wahres Spiel mit musikalischen Formen'. Zum Scherzo Ludwig van Beethovens", in: *Archiv für Musikwissenschaft*, vol. 38, 1981, s. 194-226.

treklangsbrydninger i venstre hånd, under en hvilende tonika-akkord (i dur-varianten); de repræsenterer kategorien 'klanglig strømmen', som altså i *denne* sats får "det sidste ord".

*

Sonatens *finale* er et komplex af langsomme og hurtige satsafsnit, hvis rækkefølge i grove træk kan bestemmes på følgende måde: Arioso + recitativ (t. 1-9), Arie (t. 10-27), Fuga (t. 27-110), kadence (t. 111-116), Arie, genoptaget (med varianter, t. 117-132), overgangstakter (133-137), Fuga genoptaget, med temaet i omvending (t. 137-205), satsudløb i et *stretto* (t. 206-214).

Bemærkelsesværdigt udformede, men efter tidligere observationer helt forklarlige statiske indskud forekommer i denne sats: jf. t. 5-6 og navnlig takterne 133-135. De sidste, med de 10 stadigt kraftigere udhamrede G-dur-akkorder, kan vanskeligt forklares meningsfuldt uden at de tildeles en art vidnefunktion i lyset af det dominerende modsætningsforhold mellem restriktive og klangligt strømmende elementer i dette værk: Med denne drastiske virkning, placeret umiddelbart inden fugaens genoptagelse, opnår komponisten at lade den hidtil bestående, mere eller mindre permanente spændingsrelation – hvori også de arieprægede Adagio-afsnit indgår, principielt *en bloc* – opløses definitivt.

Derfor synes også både arie og fuga at optræde i to omgange; for fugaen er i sin tematiske karakter *strømmende*[162] – og fugaens form er ifølge August Halm en funktion af temaets primat, lige som omvendt sonate-(form-)satsens tematik er en funktion af formens.

---

[162] Sammenlign modsætningsvis temaet i Beethovens *Große Fuge*, op. 133, og dét heftigt huggende kontrapunkt som dette afføder (t. 30ff., efter den indledende men allerede tematiske *Overtura*).

Men hvor arien højst kan siges at blive tilføjet en ubetydelighed af øget "livlighed" i sin varierede gentagelse, dér synes temaets omvending i den anden fugadel at få en afgørende indflydelse på satsens dynamik, i form af en stærkt forøget strømningskarakter.

To tematiske relationer gør sig endvidere gældende i finalen, i forhold til sonatens foregående satser: Arien (Beethoven skriver *Arioso dolente*) genoptager den hurtige mellemsats' indledende hexachord som et væsentligt motiv; jf. t. 10 og 1. halvdel af t. 11, siden hen t. 20-21 (lige som i anden omgang t. 117-118 og 126-128). Og fugatemaet (i dets første anførelse) har en stærk relation til 1. satsens indledende motiv: t. 1-2 samt 1. halvdel af takt 3. Disse sammenbindende momenter er for længst alment vedtagne forhold.[163]

Fugadelenes interne formmekanik vil jeg ikke beskæftige mig nævneværdigt med – som i forbindelse med fugaer i almindelighed forklarer de sig selv, ud fra tema og mere eller mindre obligate kontrapunkter.[164]

Langt mere væsentligt er det nemlig at bestemme stadierne i og omfanget af det afsluttende fugaafsnits forøgelse af dynamikken, som fører til en *ophævelse* af fuga-anlægget og en transcendens af det tematiske til *ren klang*.

---

[163] Se således nodeeksempel og forklarende tekst i Poul Nielsen: *Den musikalske formanalyse*. Kbh. 1971, s. 186.

[164] Fuga II bringer ikke kun temaet i melodisk omvending, også – og efterhånden overvejende – i dets originale skikkelse. Sidste gang det optræder i omvending er således i t. 171-175 (og her temmelig altereret). — Som en ren kuriositet bringer jeg til torvs, hvad den musikglade forfatter Jørgen-Frantz Jacobsen har udtalt: Han brød sig ikke om fugaer, "fordi de er så påståelige!". (*Med snudehulkende hilsen fra William Heinesen*. Et forelsket portræt ved Else Lidegaard. Kbh. 2012, s. 35.)

Dette afsnit skal som nævnt, ses i lyset af den insisterende nedbrydning af ariens *dolente*-karakter, som sker gennem de 10 crescenderende G-dur-akkorder.

Ser man på fugatemaets skikkelse i melodisk omvending, falder opmærksomheden let på en tidsmæssigt senere sats af Beethoven: finalen fra hans strygekvartet op. 135, F-dur. Denne sats bærer et motto i ord og noder: *"Muss es sein?"* [Grave], fulgt af [Allegro]: *"Es muss sein! Es muss sein!"*. Dette resolutte og gentagne Allegro-motiv har en ganske tæt relation til fuga II-temaet i opus 110: Sammenlign sonatens t. 137 (begyndende med tonen h') til t. 140 med op. 135-finalens t. 13 (m.optakt) og til t. 18; pausetakten t. 16 lades selvfølgelig ude af betragtning. – Tænkte Beethoven på denne fugadel, da han i 1826 skrev sin sidste kvartetsats? I hvert fald stemmer dens beslutsomme hovedtema på enhver måde overens med fuga II, ikke mindst med den dynamik som er tiltænkt dette afsnit i klaversonaten. (Komponisten noterer vedrørende tempoet, at dette skal forøges *poi a poi*: "pø om pø".)

Når temaet i denne afsluttende fugadel efterhånden (som nævnt i den foregående fodnote) vender tilbage i sin oprindelige form, og mere og mere som den altdominerende version, kan det jo forklares med at satsen på denne måde mest effektivt slutter værket i ring – jævnfør den væsentlige temarelation til 1. sats. Men det er nok snarere de mellemliggende stadier: mellem det omvendte tema og den senere overdominans af det originalførte tema, der er det afgørende i den "vending" som satsen tager i og med fuga II.

Omslagspunktet finder vi i takt 153 (straks efter skiftes der fortegn fra G-dur til g-mol). Her diminueres det nu atter retvendte tema (i bassen), og det bliver omgående fulgt af den første retvendte temaindsats i augmenterede nodeværdier; taktarten er – endnu – fugaafsnittenes 6/8. Samtidig begynder 16.-dels-tonepar at gøre sig gældende i flere stemmer; hidtil har 8.-delen været den korteste nodeværdi. Og strømningskarakteren tager derpå voldsomt til fra takt 169, med et kontinuerligt flow mellem to stemmer, hvori nu også enkelte 32.-dels tonegrupper indgår (tempoet modificeres samtidig til et *Meno allegro*).

Denne nye figur: en forkortelse af temaets ni toner til dets toner nr. 3-9 (det første af dets tre sekventielle, opadgående kvartintervaller er altså elimineret), *bryder* nu med den hidtidige, 2-delte, 6/8-metrik: et 3/8-mønster indføres – helt som det er set flere steder tidligere i værket. Med overgangen til takt 175s 2. halvdel (temaindsats i bassen i oprindelige nodeværdier) ophører denne metriske forstyrrelse igen, og fra da af er pulserende 16.-delsnoder hele tiden til stede i satsbilledet. Fortegnene er nu også værk-toneartens: As-dur's. Og tempoet bliver igen sat i vejret: *poco a poco più moto.*

Dette afsluttende forløb får alt i alt en *katarakt*-lignende prægning: Fra den sidste, afbrudte, indsats af det retvendte fugatema (t. 201-204) opløses dette til en rent rytmisk identitet, for derpå at blive transformeret til først nedadgående, så opadgående treklangsbrydninger. Det betyder at værkets *centrums*-instans – som analytikeren (i dette tilfælde) intuerede det, hypotetisk allerede i 1. sats' takt 12ff. og bestyrket senere i satsen og værket – er blevet endeligt bekræftet i sonatens tilendebringelse.[165]

---

[165] En detailanalyse af Carl Dahlhaus siger det på en noget lignende måde: "Den skikkelse som fugatemaet antager til slut, hinsides den egentlige fuga (t. 185), betegner et triumferende *cantabile*, og sam-

9 · Afsluttende betragtninger

I DENNE BOG er ordet musikvidenskab blevet belyst, men i meget mindre grad underforståetǃ sådan som jeg selv dybest set *ønsker* at opfatte faget, og som jeg følgelig for det meste har praktiseret denne métier. Det er ikke gjort for at privilegere, og da slet ikke for at ville monopolisere min indstilling. Et tegn herpå er min tilslutning til det længere, indrykkede citat jeg har anbragt næsten til slut i dette afrundende kapitel (side 190).

Et rimeligt spørgsmål bliver derfor: Hvad er det, der betinger dette syn på faget – bortset fra min kompetence særligt med hensyn til de mere kernefaglige elementer, og modsætningsvis en mindre tilbøjelighed til og svagere forudsætninger for at udtale mig kvalificeret om diverse andre sider af faget.

Mine accentueringer har deres dybeste og egentlige grund i et bestemt menneskeligt behov og en særlig lyst, som er uløseligt forbundet med musikken som det rige, umiddelbart fascinerende og desuden intellektuelt stimulerende forråd, som den repræsenterer i den vestlige verdens kultursammenhæng. Kortere sagt, og helt og aldeles præcist: specielt med det aspekt af musik, som vedrører *kunsten*.

---

tidig – til forskel fra 1. satsens hovedtema – en cantabile-gestalt der på sin vis er opnået på grundlag af sin egen udvikling; ikke noget blot "etableret" cantabile. Og modsætningen mellem en båren melodi og en hastig modstemme, som giver dette finale-cantabile karakter af "syngende allegro", leder uvilkårligt tanken hen på takterne 56-59 i 1. sats: til den reprise, hvor hovedtemaet og den i 32.-delsfigurer opløste overledning blev præsenteret i deres overraskende samtidighed." (*Ludwig van Beethoven und seine Zeit.* Laaber 1993, s. 261f. – Min oversættelse.)

Mindre dogmatisk er det sikkert at sige: som æstetisk objekt eller, optimalt åbent, som et æstetisk anliggende. Det svækker næppe afgørende den førnævnte fokusering: musik betragtet som *kunst;* selv om kun den alternative, mere rummelige bestemmelse kan hævde sig som et helt grundlæggende forhold i den videnskabelige sammenhæng.

For: i selve det musikalske fænomens 'universalier'[166] – i dets samtlige aspekter: det biogene, det logogene (syntaktiske) og det sociogene – indgår der *formende* momenter som en væsentlig kvalitet af æstetisk art; om end ikke i alle de nævnte aspekter som det første og sidste, som alfa og omega.

Benægter eller negligerer man dette, så vil fagområder som musiketnologi, musiksociologi, musikpsykologi, akustik og harmonisk grundlagsforskning let degenerere til udvandede, quasi-musikvidenskabelige discipliner og blive gjort til underafdelinger af hhv. samfundsvidenskab, kognitionsforskning og fysik (i dag næppe filosofi). Eller til formentlig underordnede elementer i en tilstræbt blanding: 'det ny humaniora'. Så bliver parolen for alvor: "Søg de bredere (dvs. interdisciplinære) sammenhænge, *never mind the rest*". Uanset at kernen dog er det vigtigste, er den der rummer de sagsmæssigt væsentligste konstituerende forhold.

(Som en mere konkret eksemplificering af den udtynding der lige blev omtalt kan jeg nævne et "manifest" (fra 2010), fremlagt på mit tidligere institut, og som er kommet mig for øre. Det hedder her bl.a.: "Musik har udviklet sig til et felt, der hedder lyd. Lydfænomenet

---

[166] Dette grundbegreb er behandlet af Franz Födermayr: "Universalien der Musik", in: H. Bruhn & H. Rösing (Hrsg.): *Musikwissenschaft. Ein Grundkurs.* Reinbek b. Hamburg 1998, s. 91-103.

har overtaget musikfænomenet." – Jeg synes nok, for det første, at det er et ganske *überheblich*, dvs. utidigt selvsikkert udsagn (og meget tvivlsomt funderet); for det andet, at det tyder ubehageligt på en hensigt om at ville overtage faget på en monopoliserende måde. Men jeg skylder dog at sige at jeg ikke kender dette manifests status, ej heller teksten i dens formentlig bredere form.)

Overordnet må der – hvad der er selvfølgeligt i de kernefaglige forskningsparadigmer, og som forhåbentlig også spiller en rolle i de interdisciplinære paradigmer – være tale om en stræben efter at erkende, efter funderet indsigt. Derfor er følgende vigtigt at mærke sig:

Hvad jeg i den her omtalte sammenhæng har tilstræbt og har villet fremhæve kritisk gennem et modbillede, er en overensstemmelse mellem musik og musikvidenskab, der kan gælde som et *fundamentale* og dermed har kunnet tjene som videnskabeligt grundlag (af ontologisk art). Det har ganske naturligt inkluderet begreber som *orden* eller stringens; men – på en måde modsætningsvis – ligeledes begrebet *idiomatik*, der slet ikke behøver at indebære orden eller "lovmæssighed", men som snarere *bryder* med stil- og form-normer og mere kan beskrives med ord som 'identitet', 'selvoverensstemmelse' eller *autenticitet*.[167] Begreber der alle lader sig forbinde med en umiddelbar erfaring af evidens, men som eventuelt også, gennem refleksion, lader sig knytte til en 'sandhed', der imidlertid ikke lader sig restløst begrunde.[168] Til syvende og sidst må denne sandhed

---

[167] Begrebet er her anført med de samme nuanceringer som i Jørgen Dehs' *Det autentiske. Fortællinger om nutidens kunstbegreb*. Kbh. 2012 (f.eks. s. 80).

[168] Jeg minder endnu engang om Adornos ord fra hans *Minima Moralia*: at "man har ikke sandheden, man er i den." (Jf. s. 168.)

overlades til kunsten som dennes egentlige ejendom. Vi andre får blot del i den, eller har mulighed for det. Og her hjælper musikvidenskabelige kvalifikationer i betydelig grad til.

De førstnævnte bestemmelser (orden og stringens) er så nogenlunde selvindlysende, da de for længst er erkendt som kvaliteter der refererer til hinanden, som grundmomenter i både den kunstneriske og den kunsterkendende sammenhæng.

Hvad det sidstnævnte forhold (identitet/autenticitet) angår, handler det, når man skal argumentere for synspunktet (og det synes nødvendigt), blandt andet om en kvalitet som den fremtrædende musikforsker Hans H. Eggebrecht (1919-99) har søgt at indkredse, efter at han, i en tekst benævnt *"Sagen und Nichtsagen"*, har omtalt sprogets mulighed for at *musikalisere* sig, eller med andre virkemidler overskride sprogets normale, betegnende funktion (jævnfør digtningen og navnlig megen nyere lyrik). Han siger dernæst:

> Omvendt har musik en impuls i sig, en trang til at gøre sig sproglig i den specifikke betydning af 'sprog', for at berige og overskride sin begrebsløse klingen, i retning af det konkrete der hører sproget til. Den stræber efter at slippe sin afgrænsning og få del i det begrebslige. Den ønsker at kunne tale til andet end sanserne: om hvad den er i sig selv som klang, som fornemmelsessprog; den ønsker at forbinde sig med den form for tænkning som leder den sproglige ytring, og med den evne til at benævne, som hører ordene til.[169]

I citatets kontekst fremstår der et synspunkt som – anderledes end det er tilfældet med Joseph Kermans *criticism*-begreb (jf. s. 87 samt lige om lidt) – legitime-

[169] H.H. Eggebrecht: *Die Musik und das Schöne.* München, Zürich 1997, s. 23. (Min oversættelse.)

rer sig *gennem* musikken og primært vedrører dén alene. Eggebrecht tilkendegiver derved, som i flere andre sammenhænge, en musikforståelse der er hermeneutisk funderet; her endda ret udtalt – måske endda i en grad der er u-argumentérbar. Men det er samtidig ret indlysende at man uden at gøre vold på citatet kan overføre hans tankegang til musik*forskningens* domæne. Og det er af denne grund jeg her har citeret disse sætninger. En sådan overførsel af hans opfattelse sigter i retning af et videnskabeligt *fundamentale,* dvs. på et videnskabeligt synspunkt i en bestemt, grundlæggende forstand.

Forskningen finder, set derudfra, en særlig mening og berettigelse gennem sin indstilling på og optagethed af at give musikken, dens rationelle såvel som mere irrationelle elementer, en sagsmæssigt adækvat omformning i sproglig skikkelse. Og ganske særligt – foretager man den nævnte transponering – skal musikforskeren her søge at udtrykke sig i den "semantiserende" eller bedre: *diskursive* form ud fra det størst mulige, sagligt forsvarlige mål af musikkens iboende kommunikative momenter, af begge de slags som Eggebrecht nævner.

Denne bestræbelse udspringer mest egentligt af en gennem forståelse (i Gadamer'sk mening) erfaret bevidsthed om at der i kunsten, i det musikalske "værk", ligger et *overskud af mening*. I musikken, sådan som den nu er: *sådan* og ikke anderledes, er der udover det rent sanselige element (men samtidig *i* dette sanselige) en værdi eller betydning og en latent funktionsform, for den som sporer dette 'overskud'. Der toner frem, hvad Walter Benjamin kaldte en kunstværkets *aura,* og dette 'overskud' må man tilkende en *kultværdi* – eller i det mindste en kulturværdi.

At reflektere over musik i en produktiv hensigt og ud fra et synspunkt som dette bliver, med en lidt spidsfindig skelnen, måske ikke så meget et spørgsmål om at fotolke musikkens "tale" eller mening. Snarere om, gennem musikalsk sansning og på samme tid (eller derefter, men i sammenhæng) at forsøge, med tankens hjælp, at gøre den saglige (musikvidenskabelige) fremstilling så kongruent som muligt med musikken i dens specifikke karakter som kunstnerisk formet frembringelse.

Derudover – for det lægger noget andet til – og så vidt muligt i sammenhæng hermed er det nærliggende at inddrage og reflektere over forhold af "omgivende", kontekstuelt tilhørende art. Hvis dette undersøgelsesaspekt er ligestillet med det førstnævnte (eller indimellem dominerende i form af en historisk hovedoptik), er der tale om et forskningsprogram af den art som Joseph Kerman har skitseret og givet en del eksempler på, under betegnelsen musikalsk *criticism*.[170]

Derved legitimerer dette program sig uden videre på en mere selvfølgelig måde, betragtet som videnskab, end det mere rendyrket hermeneutisk-analytiske. For sidstnævnte – det der blev skitseret umiddelbart før – kan vel ikke sige sig helt fri for en modsigelse: mellem det idiomatiske, udtalt i sin prægnans som autenticitet, og en "kunstiggørende ødelæggelse" af samme, gennem den videnskabelige befamling.

Denne parafrasering, hentet ind fra det Motto A som indleder bogen her, kan vel siges at blotlægge den selvkritisk erkendte inkonsekvens. Men mottoet står nu,

---

[170] J. Kerman: *Contemplating Music* (jf. fn. 29). Mere konkret udfoldet i hans essaysamling: *Write All These Down*. Berkeley, London 1994.

ikke desto mindre, dér af en helt anden grund: som et fingerpeg om at erkendelsens mål vedrørende kunst må være et andet end, med kunsten som objekt, at behandle den på en generaliserende eller en så at sige objektivt sigtende måde: Det må indebære en *føling* med denne kunst, som er kunstnerisk i sig selv, i det omfang den når frem til eller nærmer sig en sandhed udover den rent rationelle.

Det sidst anførte motto (B) sammesteds har derfor ikke så meget til formål at fjerne en brod som at give udtryk for, at "den evige kunstner" – måske endda helt indlysende – har brug for kunstforskeren, for at hans tilbud om "den successive opdagelse af glæder" kan forbinde sig med, ja endda forøges, af en successiv opdagelse af "sandheder". Det må også betænkes at den roman, og konteksten som dette citat er taget fra, har en videnskabsmand som en af hovedpersonerne, og at bogen hedder "Skabere" (*Les Créateurs*).

*

Skal jeg nu distancere mig en smule fra den mere "private" synsvinkel og anvise en nærmest lige så *generel* måde at legitimere musikvidenskab på, har min søgen ikke resulteret i noget bedre end følgende paragraffer fra Helga de la Motte-Habers tekst *"Das Ziel der systematischen Musikwissenschaft"*:

> At beskrive formålet med en videnskab betyder blandt andet at hævde et krav om erkendelse. Og dette kunne bestå i et kompromisløst forsvar for de kunstneriske lovmæssigheder der råder i det ypperste, som en musikkultur har frembragt, nemlig det 18. og 19. århundredes kunstværker. En pris herfor er den indskrænkning som dette betegner. Men fortidens værker spiller en overvældende rolle i nutiden, så det kan godt betragtes som en respektabel, om end privat afgørelse at koncentrere sig om disse lovmæssigheder. Det er dog en af-

> gørelse der må siges at være gennemsyret af resignation [overfor modernismens og det postmodernes m.v. emancipation og udfordringer].
>
> At beskrive formålet med en videnskab betyder [ligeledes] at tilkendegive en tro på dens nødvendighed (men dermed ikke ubetinget på dens nytte). Og nødvendig er teori om musikforståelse.
>
> At beskrive formålet med en videnskab vil [endelig] sige at forvisse sig om rigtigheden af ens gøren og laden. Bindingen til et mere omfattende musikbegreb, og videnskabens koncentration omkring spørgsmålet om musikforståelse, rummer momenter af tilpasning til problemer der er rejst i vor egen tid.
>
> Man kan sagtens tænke sig et begreb om en kunstvidenskab der opfatter sig som autonom i en grad, så den selv sætter reglerne for sine betragtningsmåder over for bestemte objekter. Men at anse det for rigtigt – heroverfor – at afstemme videnskabens spørgsmål efter problemer der hører samtiden til, det skal ikke bero på et eller andet krav om relevans. Det hænger først og fremmest sammen med kunstvidenskabens specifikke karakter, der er bestemt og forudgivet som en genstand der forandres gennem historien.[171]

'Systematisk' musikvidenskab, som ovenstående lange citat skal forestille at handle om, kunne her passende være udskiftet med ordet 'grundlæggende'. Vi mangler hos os, i den nuværende tid, en sådan, grundlæggende musikvidenskabelig uddannelse. Det eller de studier vi har udelukker ikke at der på længere sigt kan komme kapable musikforskere ud af det. Men denne indrømmelse burde ikke spærre for tanken om at det godt kunne gøres bedre på en anden måde. (Gennem et studium som endda vil være mindre bekosteligt, set fra de finansierende instansers side, end det eksisterende.)

---

171 In: C. Dahlhaus, H. de la Motte-Haber (Hrsg.): *Systematische Musikwissenschaft* (Neues Handbuch der Musikwissenschaft, Bd. 10). Laaber 1982, s. 22-24, *passim*.

Man skulle i hvert fald fra fagets side besinde sig på hvordan det skal beskrives, og hvad man egentlig vil med det. Det må ikke handle om at "lokke kunder til butikken" og derfor give det udseende af at faget har mere at tilbyde end det egentlig har. Her forsynder en del studie-hjemmesider sig i nogen grad. Rosværdige undtagelser har jeg dog set i mere end ét tilfælde. Nedenstående ville jeg ikke have haft betænkelighed ved selv at have stået for. Det er slet og ret bemærkelsesværdigt nøgternt informerende; man kan måske også sige "konservativt". Den eneste luns der i grunden gives til tidsånden – jeg siger det ikke med *nogen* snert af 'politisk ukorrekthed' – er i virkeligheden kun at finde i den afsluttende sætning. Jeg tilslutter mig det altså gerne, og kan derfor også sige, som en af mine "helte", Jørgen Stegelmann: "den eneste modernisering, der har hjertet på det rette sted, består i at holde fast ved og bevare og beskytte."[172]

Forskning i musikvetenskap

Den musikvetenskapliga forskningen i Uppsala bygger på gamla traditioner, men också på nya tankar och behov. Ända sedan vår institution – landets äldsta för musikvetenskap – tillkom, har musikhistoria varit ett viktigt ämne, även om perspektiv och metoder naturligtvis har förändrats. Vår nuvarande ambition är att närma oss musik, av vad slag det än kan vara, ur ett brett kulturhistoriskt och kulturkritiskt perspektiv. Här spelar den internationellt kvalificerade forskningen rörande 1600-talets europeiska musikvärld, som vuxit fram kring det unika musikmaterial som finns i Uppsala [den såk. Düben-samling], en viktig roll. Till detta kommer ett brett historiskt och historieteoretiskt intresse kring i stort sett alla epoker och musikstilar.

Vår institutions andra forskningsspecialitet har rört det som brukar kallas musikteori och dess historia samt musikanalyti-

---

[172] J. Stegelmann: *Mine franske byer*. Kbh. 1989, s. 44.

> ska metoder. Även här försöker vi leva upp till traditionen. Detta innebär att vi under de senaste åren har försökt utveckla modeller för analys av vissa typer av 1900-talsmusik, samt att vi har arbetat med fördjupning i skilda sätt att tänka kring musik från olika tider för att därmed närma oss nya sätt att förstå musiken.
>
> I såväl historiesammanhang som när det gäller att förstå hur det musikaliska tänkandet har sett ut och kan se ut blir kulturanalytiska perspektiv och begreppshistoriska verktyg viktiga. När det gäller musikhistorieskrivning är genusperspektiven självklara.[173]

Den musikvidenskabelige uddannelse i Danmark, som den tager sig ud i dag, efter sine forandringsprocesser gennem de sidste årtier, trænger til at gå ind i en ny fase af selvbesindelse. Som det første og vigtigste skulle den gå i dybden, søge en fastere og vel også mere afgrænset fundering. Det kan gerne ske efter forskellige retningslinier – naturligvis ikke kun, sådan som jeg har set det.

Dette er derfor sagt helt uden at anfægte det rimelige og fornuftige i følgende argument:

> Videnskab er et vovestykke; det er dens karakter, dens kultuturelle bestemmelse og betydning. Alle dens etiske og erkendelsesteoretiske problemer beror herpå. Den der mener at besidde en videnskab, den der hævder at vide hvad musikvidenskab er, kender heller ikke denne. [...] Vi nulevende er henvist til at realisere 'musikvidenskab' på en sådan måde at det sker i åbenhed, det vil sige i en udfordrende korrigerbarhed og en profileret relativitet.[174]

Der er vel kun én praksisform som må afvises, hvis en af ovenstående rummelige udsagn følgende *rådvildhed*

---

[173] Citeret fra http://www.uu.se/forskning; gå videre derfra til relevant side. (Opslaget foretaget d. 15.10. 2014.)

[174] Volker Kalisch: "Guido Adler. Jubiläum und Kritik: was bringt fachgeschichtliche Besinnung?". *Österreichische Musikzeitung* 1998, Heft 10, s. 29. (Min oversættelse.)

skulle fortætte sig kompensativt i retning af en norm: Dén som mere eller mindre vil reducere musikvidenskab til en partiel videnskabsteori eller en tilsvarende lærdomshistorie. (Sådan som det til forskellige tider har været på nippet til at se ud med den akademiske filosofi: praktiseret først og fremmest som filosofihistorie.)

Og det siger den der har skrevet denne bog?

Ja, for på den anden side hører også denne form for horisont og denne form for refleksion til de nødvendige *forudsætninger* for at bedrive musikvidenskab. Også, og måske ikke mindst dér hvor disciplinen i strikte forstand knap nok eksisterer med den selvfølge som fagbetegnelsen, som den stadig er i brug, angiver.

Jeg er vel egentlig, når disse forskellige afsluttende tanker skal summe op til en positionsangivelse, eksponent for en "pragmatisk besindighed" som givetvis kan irritere. Ved sin relative konservatisme, og ved sine implicite udelukkelser.

Til venstre for en sådan midtsøgende kurs ligger de mange og ofte noget diffuse betragtningsmåder, mere end programmer, som til stadighed vil prøve 'noget nyt'. Dette, lige som "kulturiseringen" af faget (fagene) samt dyrkelsen af mediesamfundet, hører 'det ny humaniora' til, som "svar på og erkendelse af, at vi befinder os i et *Spassgesellschaft*", som Hans Hauge har udtrykt det.[175]

Lige så udpræget til højre har vi de forskellige, længst etablerede og stivnede normer der fortsat har en vis tilbøjelighed til at identificere sig eksklusivt med videnskabelighed; undertiden endda med hævdelse af, at 'objektivitet' eller (rundere, men umisforståeligt ment:)

---

[175] H. Hauge: "Kanondebatten", in C. Bach-Nielsen (red.): *Dannelse, Uddannelse, Universiteter. Festskrift til Henning Lehmann.* Aarhus 2002, s. 110.

'erkendelse' er et kriterium *sine qua non* herfor.

Musikvidenskab må i forhold hertil, for ikke at havne i en sådan "neo-nypositivisme", til stadighed afsøge væsentlige forhold i bredden – i et humanistisk perspektiv. Det vil blandt andet sige: søge en forankring, der som noget naturligt tillader sig at se bort fra forpligtelser over for en tilsyneladende samfundsmæssig nytte, her velsagtens med mediesamfundet som det mest dominerende emnefelt. For også denne tendens har sine nivellerende betingelser og konsekvenser, lige som det gælder for positivismens sejlivede genganger-eksistens. Og de vil i sidste instans begge degradere det mest centrale formål med musikforskning, som i hvert fald jeg ser det: en art af erkendelse der, paradoksalt nok, ligner en målbevidst forfølgelse af et til stadighed åbent og aldrig endeligt nået mål.

*

Jeg nærmer mig stærkt – ikke målet, men målstregen; ser den foran mig. Og jeg ser, forestiller mig i hvert fald, en række kolleger; nogle af dem med et opmærksomt blik. Nu overbringer jeg min depeche. Og håber på at mere end én vil gennemføre endnu et heat i det store terrænløb, det sag- og fagligt reflekterende.

Person- og sagregister

Navne og emneord der er indeholdt i fodnoter er for det meste ikke medtaget i registret. Undtagelser er markeret med tegnet *.

Stikord som fremgår af kapitel- og afsnitsoverskrifter i bogen forekommer heller ikke i registret.

Litteratur i udvalg

Yderligere litteratur, også i form af de her udeladte artikler, fremgår af fodnoter i bogens løbende tekst.

Allen, W.D.: *Philosophies of Music History. A Study of General Histories of Music 1600-1960.* New York 2.1962.

Beard, D. & K. Gloag: *Musicology. The Key Concepts.* London, New York 2005

Bengtsson, I.: *Musikvetenskap. En översikt.* Stockholm 1973.

Bruhn, H. & H. Rösing (Hrsg.): *Musikwissenschaft. Ein Grundkurs.* Reinbeck b. Hamburg 1998.

Bujic, B. (Ed.): *Music in European Thought: 1851-1912.* Cambridge 1988.

Cook, N. & M. Everist (Eds.): *Rethinking Music.* Oxford, New York 1999.

Dahlhaus, C.: *Musikästhetik.* Köln 1967.
[Oversættelser til engelsk af denne forfatters bidrag er anført hos Beard & Gloag (se ovenfor), bibliografien s. 200.]

Dahlhaus, C. (Hrsg.): *Einführung in die systematische Musikwissenschaft.* Köln 1971.

Dahlhaus, C.: *Grundlagen der Musikgeschichte.* Köln 1977.

Dahlhaus, C.: *Die Idee der absoluten Musik.* Kassel 1978.

Dahlhaus, C. & H. de la Motte-Haber (Hrsg.): *Systematische Musikwissenschaft.* = Neues Handbuch der Musikwissenschaft, Bd. 10. Wiesbaden 1982.

Dahlhaus, C. & H.H. Eggebrecht: *Was ist Musik?* Wilhelmshaven 1985.

Dahlstedt, S.: *Fakta och förnuft. Svensk akademisk musikforskning 1909-1941.* Göteborg 1986.

Dahlstedt, S.: *Individ och innebörd. Forskningsinriktningar och vetenskapsteoretiska problem inom svensk akademisk musikforskning 1942-1961.* Göteborg 1999.

Dahlstedt, S.: *Form och funktion. Ideer i Musikhögskolans lärarutbildning 1947-76.* Hedemora 2007.

Eggebrecht, H.H.: *Musikalisches Denken. Aufsätze zur Theorie und Ästhetik der Musik.* Wilhelmshaven 1977.

Feder, G.: *Musikphilologie. Eine Einführung in die musikalische Textkritik, Hermeneutik und Editionstechnik.* Darmstadt 1987.

Gerhard, A. (Hrsg.): *Musikwissenschaft – eine verspätete Disziplin?* Stuttgart, Weimar 2000.

Kerman, J.: *Contemplating Music. Challenges to Musicology.* Boston 1985.

Kühn, Cl.: *Analyse lernen.* Kassel 1993.

Lütteken, L. (Hrsg.): *Musikwissenschaft. Eine Positionsbestimmung.* Kassel 2007.

Meyer, L.B.: *Emotion and Meaning in Music.* Chicago 1956.

Meyer, L.B.: *Explaining Music: Essays and Explorations.* Chicago 1973.

Meyer, L.B.: *Style and Music: Theory, History and Ideology.* Philadelphia 1989.

Nielsen, P.: *Den musikalske formanalyse. Fra A.B. Marx' "Kompositionslehre" til vore dages strukturanalyse.* København 1971.

Schwindt-Gross, N.: *Musikwissenschaftliches Arbeiten: Hilfsmittel – Techniken – Aufgaben.* Kassel 1992.

Wiora, W.: *Das musikalische Kunstwerk.* Tutzing 1983.

Som en undtagelse fra kriterierne for denne bibliografi anføres nedenfor de vigtigste bidrag tilhørende bogens særlige emnekreds, som jeg selv tidligere har leveret:

"Hermeneutik som musikvidenskabelig kategori", in: *Cæcilia. Årbog 1995-1997.* Aarhus 1997, s. 71-88.

"'Værk' og 'liv' som (modstridende?) musikvidenskabelige grundlag", in: *Svensk tidskrift för musikforskning,* vol. 86, 2004, s. 11-25.

"Den privilegerede analyse. Nogle reflexioner over en kritisk tilstand i dagens musikvidenskab", in: *Frispel. Festskrift till Olle Edström.* Göteborg 2005, s. 464-475.

"*Ørneflugt.* Forsøg på en indkredsning af Guido Adlers indflydelse i dansk musikvidenskab", in: *a due. Essays in Honour of John D. Bergsagel & Heinrich W. Schwab.* København 2008, s. 504-517.

APPENDIKS, 1:

"Min opfattelse af universitetet er ganske streng i sammenligning med nutidig teori og praksis. Har jeg mistet blikket for vigtigheden af "oplæring" – af gymnasielærere, administratorer og kandidater til ministerielle embeder? Det tror jeg ikke. Jeg har blot antaget at personer, der har fået en ægte universitetsuddannelse, vil komme ud med en disciplineret tankegang. De vil være fyldt med viden og besidde en kritisk, men ikke pedantisk skarphed. Og sådanne personer kan for de flestes vedkommende trygt overlades til at skulle klare sig selv."

Abraham Flexner:
"Ideen om et moderne universitet" (1930)

"Læreplanernes, studieordningernes, kontrollernes og fællesydelsernes ulykkelige fastbinding af undervisere og studerende, og hertil en forstandig sagligheds snusfornuft, er udtryk for en atmosfære, hvor der ganske vist sigtes mod gode resultater inden for teknisk kunnen og forhåndenværende paratviden, men hvor den egentlige erkendelse, dvs. forskningens og indsigtens dristighed, bliver umuliggjort."

Karl Jaspers:
"Universitetets idé.
Et udkast for den nuværende situation" (1946)

"Jeg mener oprigtigt, at det er gennem den videnskabelige argumentations kommunikative former, de universitære læreprocesser i sidste instans bliver holdt sammen i deres forskellige funktioner. [...] Hvor meget "et videnskabeligt menneske" end synes at arbejde alene – i biblioteket, ved skrivebordet eller i laboratoriet –: hans læreprocesser indgår dog uvægerligt i et offentligt kommunikationsfællesskab af forskere. [...] De videnskabelige discipliner har konstitueret sig i faginterne offentligheder, og de kan kun opretholde deres vitalitet i disse strukturer."

Jürgen Habermas:
"Universitetets idé – læreprocesser" (1986)

APPENDIKS, 2:
Aarhusiansk studenter-festsang
Erling Fischer (1947)

Rundt på himmelrummets kloder
er der sikkert kloge ho'der,
der kan tænke meget dybere end vi.
Men i byen her ved bugten
har vi sand'lig også slugt en
masse "vid", og øvet os på tænkeri.
Men verdensgådens nøgler
får kun den store gøgler,
der slapper tankens tøjler
og i visionen ser,
hvordan det hele sker.

Nu er tøjet ta'et af bøjlen,
vi har slappet tanketøjlen
og kan tænke netop li'e på, hvad vi vil.
I hver hjernes stille kloster
ligger mangt et tankefoster,
som forløses bedst i festens sammenspil.
For da kan vid slå gnister,
når vi ved bordet drister
os frem som sprogartister.
Vi håber på, det sker
for fler og stadigt fler.

Universet er så vældigt,
livets løb er så tilfældigt,
og forgæves søger vi et sted at stå.
Men når vi med hævet bæger
vore sanser vederkvæger,
kan det hele lissom meget bedre gå.
Da hænder der mirakler
i hjernens tabernakler,
da flammer åndens fakler,
og fler og flere ser,
hvorledes und'ret sker.

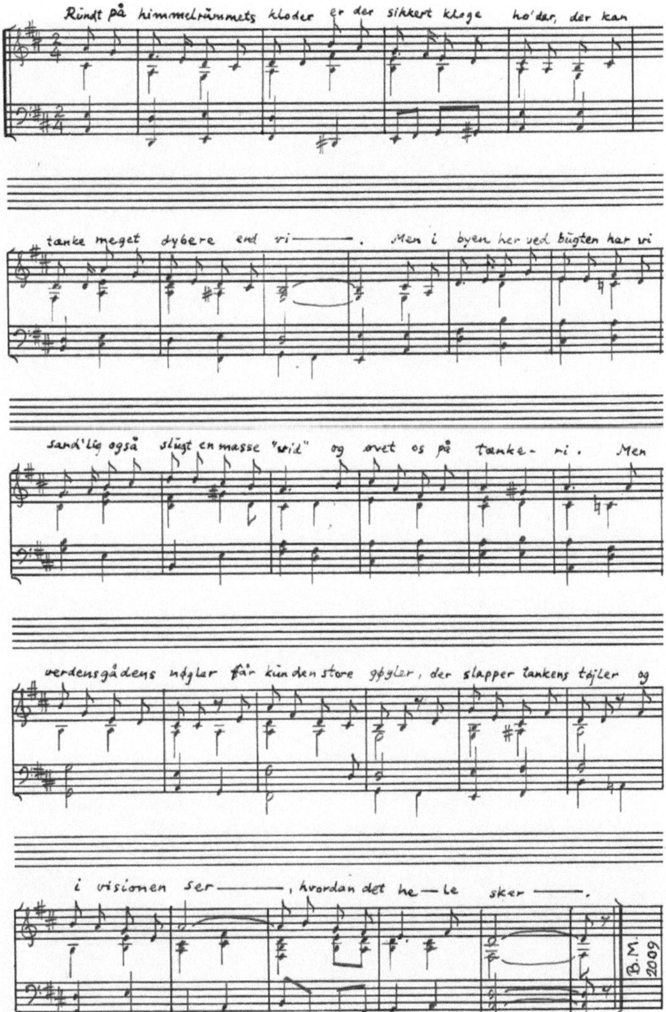
Rundt på himmelrummets kloder er der sikkert kloge ho'dar, der kan
tanke meget dybere end vi——. Men i byen her ved bugten har vi
sand'lig også slugt en masse "wid" og øvet os på tanke- ri. Men
verdensgådens nøgler får kun den store gøgler, der slapper tankens tøjler og
i visionen ser——, hvordan det he—le sker——.
B.M. 2009